이 뭣 고

스님 친필 '이뭣고'

스님 친필 '是甚麼(시심마 : 이뭣고)'

경봉스님의 수행도담
이뭣고

김현준 엮음

효림

경봉스님의 수행도담집을 내면서

　이 시대 최고의 도인으로 추앙받고 있는 경봉스님의 법문은 어렵지가 않다. 법상에 올라서 많은 청중을 상대할 때나 소수의 사람을 만날 때, 외부에 나갔을 때나 거처하는 곳에 계실 때, 그 말씀은 언제나 한결같으셨다. 늘 상대의 그릇에 맞추어서 편안한 언어로 알기 쉽게 법문을 설해주셨다.
　특히 환한 표정에 구수한 이야기를 섞어가면서 깨우침을 내려주면, 모두가 환희로움에 젖어 들어서 희망과 용기를 불러일으켰고, 삶의 방향을 재정립하곤 하였다.

　나는 탄생 130주년이 되는 2022년에 경봉스님 일화집 『뭐가 그리 바쁘노』를 출간하였는데, 스님께서 꿈에 나타나 환한 미소를 짓고 계셨다.

그때 나는 '경봉스님께서 들려주신 이야기 법문들을 최대한으로 모아, 두 권의 책으로 엮어 세상에 내어놓아야겠다'는 원을 발하였다.

두 권의 책이란
1. 사바세계를 무대로 삼아 멋있게 살아가는 데 도움을 주고 방법을 알 수 있게 하는 생활도담집生活道談集.
2. 마음을 닦고 선禪을 닦는 데 도움을 주는 수행담들을 모은 수행도담집修行道談集이다.

이들 중 첫 번째 책인 생활도담『사바를 무대 삼아 멋있게 살아라』는 2024년 7월에 발간하였고, 이어서 스님께서 들려주신 수행도담들을 월간「법공양」에 1년 동안 연재하여, 『이뭣고』라는 제목으로 책을 엮었다. 스님의 탄생 133주년과 열반 43주년이 되는 날에 맞추어서….

이 책은 총 3장으로 구성되어 있다.
제1장 〈경봉스님 수행담〉은 경봉스님께서 출가하여 수행하고 도를 깨친 과정을 엮은 것이다. 스님께서는 살아

생전에 당신의 수행과 오도 이야기를 선수행하는 승려들에게 들려주셨는데, 그 녹음을 최대한 그대로 풀어서 실은 것이기에 더욱 큰 의미를 지닌다. 이 수행기는 그 어떤 선담들보다 선 수행자들에게 도움이 되고 지표가 되리라 확신을 해본다.

제2장 〈이뭣고〉에서는 참선이 무엇인지? 화두가 무엇이고 대표적인 화두는 어떤 것이 있는지? '이뭣고?' 화두 드는 법, 도를 깨치는 요긴한 방법 등을 상세하게 밝혀서, 후학들의 선 수행에 바른 길잡이 역할을 하고 있다.

제3장 〈선담 도담〉에서는 도를 깨달은 대선사들의 선담과 무애자재한 도를 성취한 도인들의 이야기 몇 편을 들려주시면서, 도를 닦겠다는 마음과 깨달음을 이루겠다는 마음을 촉발시키고 있다.

이제 환희로운 마음으로 경봉스님의 수행과 옛스님의 도담의 세계 속으로 함께 들어가 보자.

2025년 6월 망종일에
경주 남산 기슭에서
김현준 三拜

 차 례

경봉스님의 수행도담집을 내면서 · 7

I 경봉스님 수행담

출가와 발심 · 17
 죽으면 어느 곳으로 가는가? … 17
 중생계가 다할지라도 … 21
 견성見性을 향한 여로 … 26
 한세상 안 태어난 셈 치자 … 31

정진과 포교를 함께 · 35
 참된 중노릇 … 35
 안양암 시절 … 41
 마산포교사 … 45
 양로염불만일회 … 49

대오大悟 그리고 점검 · 54
 여래선을 깨닫다 … 54
 확철대오確徹大悟 … 59
 이무애변理無碍辯 … 67

차 례

II 이뭣고?

진짜 '이 자리' · 76
  안심입명安心立命 … 76
  꼭두각시놀음 … 80

화두와 망주석 · 88
  참선과 화두 … 88
  대표적인 화두 … 98

'이뭣고' 화두 · 107
  이뭣고 화두의 근원 … 107
  무엇이 밥 먹고 대소변 보는가? … 113
  남에게 줄 수 없는 것은? … 117

화두, 이렇게 들어라 · 124
  화두 공부할 때 주의할 점 … 124
  닭이 알을 품듯이 … 129
  물 흐르듯이 화두를 들어라 … 133

간절하면 통한다 · 139
  속지 말아라 … 139
  간절히 공부하라 … 147

 차례

Ⅲ 선담도담禪談道談

전삼삼 후삼삼前三三 後三三 · 159
  염착이 있으면 잘 수 없다 ··· 159
  문수는 네 문수, 무착은 내 무착 ··· 166

일지선一指禪과 신령스런 광명 · 172
  한 손가락 법문 ··· 172
  옛 종이를 백 년 동안 뚫어본들 ··· 179

평상심시도平常心是道 · 186
  도는 어디에 있는가 ··· 186
  조주스님과 평상심 ··· 191
  조주스님의 일상법문 ··· 195

무애자재를 성취한 도인들 · 202
  죽는 날을 마음대로 ··· 202
  부활한 달마대사 ··· 206
  법흥왕과 이차돈 ··· 209
  원효대사 무애 동요 ··· 213

I

경봉스님 수행담

스님께서 거처하신 삼소굴 툇마루에 앉아

출가와 발심

죽으면 어느 곳으로 가는가?

나는 1892년 4월 9일에, 경상남도 밀양군 부내면 계수동에 있는 광주 김씨廣州金氏의 고가에서 태어났다. 아버지 김영규金榮奎와 어머니 안동 권씨安東權氏로부터 귀중한 생生을 받은 것이다.

광주 김씨 집안의 4대 독자로 태어난 나에 대해 큰 기대를 가졌던 아버지는, '나라를 위한 큰 종이 돼라'는 뜻으로 용국鏞國이라는 이름을 지어주었다.

그러나 나의 어린 시절은, 이 나라 전체는 혼란 속에 휩싸여 있었다. 동학혁명·갑오경장·청일전쟁·노일전

쟁 등의 시절인연時節因緣이 사회를 불안하게 물들였고, 일본의 침탈 야욕이 온 나라의 인심을 뒤숭숭하게 만들자, 티 없이 나의 어린 마음도 이 세상을 고해苦海로 받아들이기 시작했다.

또 어린 시절에 마을 앞을 지나는 낙동강에서 동무들과 멱을 감던 나는 강한 물살에 휩싸였다. 나는 손발을 휘저으면서 살기 위해 몸부림쳤지만, 기운이 점점 빠지면서 의식이 가물거리기 시작했다.

다행히 그 위급한 현장을 목격한 장정에 의해 살아나기는 하였으나, 죽음의 그림자는 계속 나의 머리에 남아 있었다.

나는 7세(1898) 때부터 공부를 시작했다. 밀양군 서부리에 있는 한문사숙漢文私塾 죽하재竹下齋에 입학해서 한학자 강달수姜達壽 선생에게 한문을 배웠고, 13세 때에 사서삼경四書三經을 모두 배워 마쳐서 총명을 인정받았다.

그러나 15세 때인 1906년 8월 4일, 그토록 사랑하던 어머니가 다시는 돌아올 수 없는 세계로 떠나가셨다. 한창 새로운 눈으로 세상을 보기 시작할 나이에 어머니의 죽음은 온 세상을 잿빛으로 바꾸어 놓았다. 나는 어머니가 죽어야 하는 까닭을 알 수가 없었다.

왜 인간은 죽어야만 하는가?
왜 사랑하는 사람과 헤어져야만 하는가?
인생 자체에는 어찌 이토록 모순이 많은가?

모든 것이 의문이었다. 어머니의 죽음은 나에게 인간이 지니고 있는 피할 수 없는 근본 문제를 처음으로 생각하게 했다.

적어도 나는 어머니가 죽어서 간 곳이 알고 싶었다.

"사람이 죽으면 영혼은 어디로 가는가?"

그러나 아무리 궁리를 하여도 그 의문은 풀리지 않았다. 오히려 죽음의 문제를 생각하면 생각할수록 생명과 결탁되어 있는 죽음의 어둠이 나를 더욱 괴롭혔고, 나 자신의 존재가 너무나 초라해 보일 뿐이었다.

마침내 나는 '생사를 초월하는 방법이 불가佛家에 전해지고 있다'는 어느 스님의 말을 듣고, 삶과 죽음의 문제를 풀기 위한 출가出家를 결심하였다.

1907년(16세) 6월 9일, 나는 누님의 권유로 양산 통도사로 가서 성해선사聖海禪師께 출가의 뜻을 밝혔고, 스님은 그 자리에서 출가를 허락하셨다.

그해 10월 30일, 나는 정석靖錫이라는 법명法名과 함께 청호화상清湖和尚을 계사戒師로 삼고 사미계沙彌戒를 받았다. 불살생不殺生·불투도不偸盗 등 사미가 지켜야 할 열 가지 계율을 받은 그날, 계사인 청호화상은 세 번을 거듭 물었다.

"계를 범하지 않고 잘 지키겠느냐?"

"잘 지키겠습니다〔能持〕."

나는 세 번을 답하면서 마음 깊이 다짐을 했다.

"부모 친척 다 버리고 출가를 하였으니, 중노릇 잘못하면 부모한테도 불효요 부처님에게도 불효를 짓는 것이다. 공부를 잘해서 두 집안 모두에 효도해야 한다. 효도해야 한다. ……"

중생계가 다할지라도

1908년(17세) 3월, 은사이신 성해선사는 나를 통도사에서 설립한 명신학교明信學校에 입학시켜서 신식공부를 배울 수 있도록 해주셨다. 그런데 이 소식을 들은 오촌 숙모가 찾아와서 학교에 가는 것을 강하게 말렸다.

"신식 학교에 다닌 사람은 난리가 났을 때 선봉장에 세운다는 소문이 파다하다. 절대로 가면 안 된다."

당시 나라의 주권은 일본에게 빼앗기기 직전이었고, 곳곳에서 의병들의 항쟁이 일어나고 있었던 때였으므로, 이와 같은 만류는 오히려 당연한 것이었는지도 모른다. 그러나 그와 같은 이유 때문에 신식 학교를 다녀서는 안 된다는 것이 이해가 되지 않았다.

'선봉장에 서서 나라를 구하고 죽으면 그것 또한 좋은

일 아닌가? 한번 죽으면 그뿐인 것을!'

나는 학교에 다녔고, 열심히 신식학문을 익혔다. 1910년 명신학교를 졸업하였을 때에는 일본의 중학교와 대학에 들어가서 불교 공부를 제대로 해 보고 싶다는 생각이 강하게 일어났다.

그러나 은사인 성해선사와 구하사형九河師兄은 절에서 공부하면 된다면서 극구 만류하였다. 하지만 나의 향학열은 좀처럼 가라앉지가 않았다.

그래서 은사스님께, '명신학교에서 배운 실력으로는 어려운 불경을 해독하기에 부족하니 꼭 일본 유학을 보내주었으면 한다'는 내용의 편지를 한발이나 썼다. 그런데 편지를 본 은사와 사형은 정반대의 반응을 보였다.

"정석아, 네가 이 편지를 쓴 것이냐?"
"그렇습니다."
"진정 네가 썼더란 말이냐?"
"예."
"이 편지를 쓴 한문 솜씨라면 못 볼 경이 없겠구나."

오히려 편지글 때문에 유학길이 더욱 막히고 말았다.

나는 1911년(20세) 사월 초파일에 해담화상海曇和尙을 계사로 삼고 보살계菩薩戒와 비구계比丘戒를 받은 다음, 통도사 불교전문강원佛敎專門講院에 입학하여 불경을 익히기 시작했다.

대혜선사大慧禪師의 『서장書狀』을 비롯하여 『능엄경』·『대승기신론』·『금강경』·『원각경』 등을 공부하였고, 만해卍海 한용운韓龍雲 스님으로부터 『화엄경』을 배웠다.

당시 한용운스님은 『월남망국사越南亡國史』를 나라를 잃은 우리의 입장에 대비시켜 강의하면서 통한의 눈물을 지으셨고, 나 또한 이 나라 중생을 위해 '내가 과연 무엇을 할 것인가'를 깊이 생각하게 되었다.

이 무렵 일본 유학을 가지 못한 데 대한 불만이 완전히 사라진 것이 아니었지만, 막상 경전을 보면서 불교의 진리를 새기다 보니 크게 발심發心이 되었고, '어떻게 하면 이 좋은 진리의 말씀을 널리 퍼뜨릴 수 있을까' 하는 생각이 충만되어 갔다.

마침내 나는 큰 원願을 세웠다.

"선재동자善財童子처럼 도를 구하고, 보현보살의 행원行願으로 중생을 제도하리라. 중생계衆生界가 다하고 중생업衆生業이 다하고 중생의 번뇌가 다할지라도 나의 원은 다하지 아니하며, 허공계虛空界가 다하더라도 나의 원은 다하지 아니하리라."

실제로 나는 평생을 이 원과 함께 살았다. 80이 넘은 나이에도 시자들의 부축을 받아 가면서 법상에 올라서 설법을 할 수 있었던 것도, 나의 원이 그러했기 때문이다.

큰 원을 세운 나는 강원에서 공부하다가 시간이 생기면 행방포교行方布教의 길을 나섰다. 일터든 장터든 잔칫집이든, 사람이 많이 모이는 곳이면 어디라도 좋았다.
붉은 가사를 어깨에 걸친 채 한 손으로는 법문의 내용을 묘사한 그림을 걸어놓은 석장錫杖을 쥐고, 한 손으로 청아한 방울 소리 나는 요령搖鈴을 힘차게 흔들면 사람들이 모여든다.
그러면 슬슬 법문 보따리를 풀어헤친다. 처음에는 구수

한 이야기들을 풀어놓지만, 마침내는 불교의 깊은 이치를 설파하여 불심佛心을 눈뜨게 하는 것이다.

　행방포교. 강원의 학인學人이요, 20이 갓 넘은 나이로는 감히 하기 어려운 일이었지만, 나는 당당하고 자연스럽게 설법을 했다. 전생前生의 원력願力과 금생의 원력이 쌓이고 모여서 이렇게 하게끔 한 것이리라.

견성見性을 향한 여로

1914년(23세), 나는 강원의 대교과大敎科를 졸업하고 통도사에서 행정업무를 맡아보게 되었다.

절집안에서 절밥 먹고 공부했으니 절집안 일을 돌보는 것이 당연한 일일 수도 있지만, 포교 사업도 아닌 '절 살림을 돌본다'는 것이 그 당시에는 그렇게 싫을 수가 없었다.

공부를 해서 도를 깨치고 중생을 교화하는 것이 나의 본분이라 생각하니 일이 손에 잡히지 않았다. 그래서 우두커니 자리만 지키고 있을 뿐이었다.

그런데 그때 문득 강원에서 경을 보다가 큰 충격을 받았던 구절이 떠올랐다.

'그물이 천 코 만 코라도 고기가 걸리는 것은 한 코다.'

'종일토록 남의 보배를 세어도 나에게는 반 푼어치의 이익이 없다〔終日數他寶 自無半錢分〕'

그래서 나는 강원 일과日課 중에도 시간을 쪼개어 아침 저녁으로 30분씩 좌선坐禪을 하였었다. 그것이 다시 떠오른 것이다. 그래서 마음 깊이 다짐을 했다.

'자기의 본심을 깨닫지 못하면 만겁萬劫의 생사윤회生死輪廻를 면치 못하고, 속가俗家와 불가佛家에 죄만 지을 뿐이다. 나도 이제부터는 일대사一大事를 결정지을 참선공부를 하리라.'

분발심을 일으킨 나는 은사인 성해스님과 구하사형께 참선공부를 하러 가겠다는 뜻을 밝혔다. 대답은 한결같이 '안 된다'는 것이었다. 그러나 마음은 이미 정해져 있었다.

'36계 중에서도 주走가 제일'이라고 하면서, '참선공부 하러 간다'는 내용의 편지를 은사와 사형의 방에 남겼다. 그리고 부처님 사리탑舍利塔 앞으로 나아가 '일대사一

大事를 해결하겠다'는 서원誓願을 세웠다.

 1915년 3월 31일, 걸망을 챙긴 나는 금방이라도 쏟아질 듯한 별빛을 받으며 통도사를 떠났다.
 "통도사야 잘 있거라. 나는 공부하러 간다."
 혼잣말을 허공에 남기고 밤새 걸어 양산 내원사內院寺로 가서 천진도인 혜월慧月 선사를 뵈었다.
 "어찌하여 왔노?"
 "참선공부하러 왔습니다."
 "그 기특하구먼."
 그러나 천진도인天眞道人인 혜월노장은 『선문촬요禪門撮要』를 펼쳐 놓고 전문 강사들도 잘 새기지 못할 문장을 가리키면서 '새겨 보라'고 하셨다.
 "잘 모르겠습니다."
 "있는 것도 아니고 없는 것도 아니거든."
 나는 참선에 대해 자상하게 가르쳐 주지 않는 혜월노장의 태도가 불만스러웠다. 그리고 혼자 생각하였다.

 '노장이 무식해서 사람 지도하는 법을 모르는구나. 여

기 있은들 공부는커녕 통도사로 잡혀가기 십상이다.'

 나는 내원사에서 하룻밤을 머물고 가야산 해인사로 갔다. 해인사의 선원 퇴설당堆雪堂은 하루 종일 햇볕이 드는 양명한 참선도량으로, 제산霽山 선사가 조실祖室로 계셨다.

 그곳에서 나는 피나는 정진을 했지만, 망상妄想과 졸음을 쉽게 물리칠 수가 없었다. 망상이 죽 끓듯 하지 않으면 졸음이 밀물처럼 밀려오는 것이었다. 그야말로 망상과 졸음 때문에 죽을 지경이었다. 그러니 공부가 잘될 턱이 있나?

 심하게 찾아드는 졸음과 망상을 끊기 위해 기둥에다가 머리를 박기도 하고, 허벅지를 멍이 들도록 꼬집기도 하고, 얼음을 입속에 물기도 하였다.

 '전생의 업장業障이 얼마나 두텁기에 앉으면 졸고, 졸지 않으면 망상에 빠지는가?'

 생각할수록 한심하여 장경각藏經閣 뒷산에 올라가서 여러 차례 울기도 하였고, 답답하여 크게 고함도 쳐보았다.

그러나 그것도 그때뿐이었다.

　그런데 내가 졸음과 망상을 쫓기 위해서 얼음을 입에 물거나 기둥에 머리를 부딪치는 방법을 쓴 것은 옳은 지도자를 만나지 못하였기 때문이었다. 내가 일찍 치아를 버린 것도 이때 얼음을 많이 물어서 풍치가 생겼기 때문이다.

　그래서 후학들에게는 절대로 그렇게 하지 말라고 한다. 그렇지마는 졸음과 망상을 이기지 못하는 수좌들에게는 가끔 '울어라'고 한다.

　간절한 마음으로 자기 극복을 위해 흘리는 뜨거운 눈물이야말로, 묵은 업장을 녹이고 공부를 돕는 참 눈물이기 때문이다.

한세상 안 태어난 셈 치자

그러나 나는 그토록 열심히 정진했던 퇴설당 선원도 떠나야만 했다. 통도사로부터 '돌아오라'는 편지가 끊이지 않았기 때문이다.

잦은 편지에도 나는 통도사로 돌아갈 수가 없었다. 이제 겨우 공부의 기틀이 잡힐 듯한데, 또다시 통도사에 머물면서 행정을 맡아보거나 불경을 배운다는 것이 마음에 차지 않았기 때문이다. 더욱이 내가 해답을 얻어야 할 마음속 의혹은 너무나 큰 것이었다.

인생의 4대 의혹
· 자기가 자기를 모르니, 이 몸을 끌고 다니는 진짜 주인공이 무엇인가?
· 뚜렷이 밝고 지극히 신령한 이 마음자리가 어디에 있

다가 부모의 태중으로 들어간 것인가?
· 죽으면 어디로 가는가?
· 죽는 날이 언제인가?

이 네 가지 의혹 중에서 뒤의 셋은 마다하더라도 '진짜 주인공이 무엇인지'는 알고 싶었다.

하루 세 끼 밥 먹으면서도 밥 먹는 놈을 모르지, 하루 종일 걸어도 걷는 놈을 모르지, 하루 종일 보아도 보는 놈을 모르지, 하루 종일 소리를 들어도 듣는 놈을 모른다.
듣는 것이 무엇이고 말하는 것이 무엇이냐고 되물어도 그저 '모르겠다'는 메아리뿐이다. 매일매일 이놈을 쓰면서도 모른다고 하니 점점 가슴이 답답해져 왔다.

상식으로야 입이 밥을 먹고 다리가 걷는다고 할 수 있다. 그렇다면 죽은 송장도 다리가 있으니 걸을 수 있고 눈이 있으니 볼 수 있을 것이 아닌가. 하지만 송장은 볼 수도 들을 수도 걸을 수도 없다.

무엇인가 분명히 보고 듣고 걷게 하는 놈이 있는데, 그것이 무엇인가를 알아야 할 것이 아니겠는가!

나는 공부를 더 철저히 하고 싶었다. 생명을 걸고서라도, 아니 한세상 한 태어난 셈 치고 이 몸 끌고 다니는 주인공을 기필코 밝혀내고자 했다. 기왕 시작한 공부의 끝을 보고 싶었던 것이다.
 나는 오도悟道를 한 뒤에 이때의 심정을 술회하여, 용기를 잃는 후학들에게 끝을 향한 고삐를 늦추지 말 것을 간곡히 당부하곤 했다.

"날이 훤하게 새자면 다시 캄캄해졌다가 밝아지듯이, 수좌가 공부하는 것도 이와 같은 것이다. 추운 겨울에 꽁꽁 얼었던 초목이 봄이 오면 다시 잎이 나고 꽃을 피우는 것처럼, 우리 수도인들도 뼈를 갈고 힘줄이 끊어지는 듯한 고통을 참아가며 피나는 노력을 해야, 온 누리 속에서 홍일점紅一點과 같은 찬연한 진리의 광명을 얻을 수 있다.
 바다는 온갖 시냇물과 작은 물줄기가 강으로 합해진 뒤에 이루어지고, 하늘도 맑은 공기가 충만해서 새파랗게 보이는 것이지, 본래 하늘에 푸른 것이 있는 것은 아니지 않은가.

　수좌들이 공부를 할 때 졸지 않으면 망상에 시달리게 되지만, 비록 물방울이 작으나 모이고 합쳐져서 큰 바다를 이룬다는 것을 알고, 꾸준히 공부를 하면서 나아가면 틀림없이 도를 이룰 수가 있다.

　석가여래가 별다른 이인가! 그분도 장부요 우리도 장부이니, 용기를 내어서 하면 못 이룰 것이 없다."

　나는 사찰의 행정업무를 맡아 밥 빚을 면하는 업業을 짓거나, 불경을 보면서 종일토록 남의 집에 있는 보배를 헤아리기보다는, 스스로의 자성自性 자리를 찾아서 근본 문제를 해결하고 싶었다.

　그런데 통도사에서 해인사 장경각을 지키는 순사에게, '그 승려가 사무 인계도 하지 않고 달아났으니 붙잡아서 보내줄 것'을 부탁하였다.

　나는 순사로부터 압력을 받게 되자, 다시 36계 중 제1인 '달아날 주走' 자를 챙겨서 김천 직지사로 향하였다.

　"다리야, 어서 가자!"

정진과 포교를 함께

참된 중노릇

걸망을 지고 누더기 옷에 다 떨어진 모자를 쓰고 직지사를 들어서는데, 방에서 뛰쳐나온 만봉萬峰 선사가 춤을 추면서 크게 반겼다.

"공부하는 중이 오는구나, 공부하는 중이 왔구나."

걸망을 받아 든 만봉스님은 나를 방으로 데려가서 새 옷을 입게 하고는, 땀내 나는 헌 옷을 손수 빨아주기까지 하였다.

그리고는 황악산 태봉胎峰으로 나를 데리고 가서 한 편의 이야기를 들려주셨다.

옛날, 영감 죽은 과부가 외동아들과 함께 살고 있었다. 모자母子만의 생활이었지만, 어머니의 지극한 정성과 아들의 극진한 효성은 그들의 마음을 언제나 넉넉하게 만들었다.

아들의 나이 15세가 되었을 때 어머니는 아들의 출가를 간곡하게 권하였다.

"여기서 세월만 먹고 살기보다는, 훌륭한 고승이 되어서 죽은 아버지를 천도하여 극락에 왕생토록 하고, 박복한 이 어미도 제도해 주면 그것보다 더 큰 효도가 어디 있겠느냐?"

아들은 어머니의 권유에 따라 중이 되었다. 그러나 절에서의 생활도 크게 다를 바가 없었다. 두 해가 지나서 아들을 찾아간 어머니는 공부는커녕 놀기만 하는 아들을 보고 크게 노하였다.

"부모의 천도와 제도는커녕, 스스로도 구제 못 할 땡추 같은 놈아!"

아들을 꾸짖으며 호되게 매질을 한 어머니는 차려주는 밥도 먹지 않고 가버렸다.

'어떻게 해야 중노릇 잘하는 것인가?'
 곰곰이 생각하던 아들의 눈에 죽은 영혼을 천도하고 각종 불공佛供을 집전하는 의식승儀式僧이 고승의 모습으로 부각되었다. 아들은 아버지의 천도를 염두에 두면서 그날부터 10년 동안 각종 범패梵唄와 영산작법靈山作法 등의 의식을 익혔다.
 어느 날 큰 재齋를 열게 되자 아들은 어머니를 모셨다. 큰 고깔에 가사·장삼을 입고 영산작법을 멋있게 집전하고 있는데, 어머니가 달려들어 지팡이로 아들을 사정없이 내리쳤다.
 "이놈, 천도·제도해 달랬더니 무당 노릇 하려고 절에 들어왔느냐!"

'참된 중노릇이란 어떻게 하는 것인가?'
 다시 며칠을 생각하다가, 경전을 익혀서 설법 잘하는 강사講師가 된 뒤에 다시 어머니를 모셨다. 제자들을 데리고 절 입구까지 나가서 극진히 환영하여 모셨지만, 막상 불경을 가르치는 아들을 본 어머니는 서리 낀 얼굴이 되어 유혈이 낭자하도록 때렸다.

"글 배우고 글 가르치려면 속세에서 할 일이지, 무엇 하러 절에까지 와서 야단이냐!"

'10년의 범패 공부, 10년의 불경 공부가 모두 헛된 공부라니? 무엇이 문제인가?'

방문을 걸어 잠그고 요기조차 거절한 채 며칠 동안 고민하던 아들은 『전등록傳燈錄』과 『선문염송禪門拈頌』을 펼쳐 보았다.

'아하! 중노릇 잘하는 법이 바로 여기 있었구나.'

아들은 '자성자리 찾는 것이 참된 공부'라는 것을 깨닫고, 먹을 것과 낫 등을 준비하여 깊은 산 속으로 들어가 버렸다.

1년이 지난 뒤 어머니는 소식이 끊어진 아들을 만나기 위해서 절을 찾았다. 제자들로부터 '식음을 전폐하고 혼자 있더니 산속으로 가버리더라'는 말을 들은 어머니는,

그날부터 어디엔가 아들이 있을 그 산속을 찾아 헤매기 시작했다. 이 골짜기, 저 골짜기, 깊은 산 구석구석의 수도할 만한 곳을 샅샅이 찾아다녔다.

몇 달을 찾아다니다가 개울물에 세수를 하고 일어나는데, 작은 모래밭에 사람의 발자국이 찍혀 있었다. 발자국을 따라 조금 올라가니 띠풀로 엮은 거적이 덮인 굴이 보였다.

거적을 걷고 굴 안을 들여다보니 산발한 머리에 누더기를 걸친 채 가부좌를 하고 앉아 있는 사람이 있었다. 얼굴에는 땟물이 흐르고 피골이 상접하여 볼품은 없었지만 틀림없는 아들이 아닌가!

어머니는 아들에게 와락 달려들어 목을 안고 통곡을 하였다.

선정禪定에 잠겨 있던 아들은 어머니의 울음소리가 귀를 울리는 바로 그 순간에 도를 깨쳤고, 어머니는 선정에 잠겨 있던 아들의 두 눈에서 뿜어나오는 형형한 안광眼光을 보고 도를 깨쳤다.

모자가 함께 도를 깨친 것이다.

8

 이야기를 끝낸 만봉선사는 나의 손을 꼭 잡으면서, '이제 발심이 제대로 되었으니 변치 말고 제발 공부 잘 해줄 것'을 거듭거듭 당부하였다.

 짤막한 도담道談 한 편과 한마디의 격려였지만, 만봉선사에 대해 감사하는 마음이 절로 샘솟았다.

 그리고 '나도 참되이 중노릇을 하여 기필코 도를 깨치겠다'는 결심이 더욱 굳게 자리를 잡았고, 온몸에는 새 기운이 가득 채워지는 듯하였다.

안양암 시절

 직지사에서 만봉스님을 만나 감동적인 도담을 들은 나는 직지사 선원에서 남전선사南泉禪師의 지도를 받으면서 한 철 수행을 하다가, 우리나라 제1의 선원으로 손꼽히는 금강산 마하연선원摩訶衍禪院과 함경도 석왕사의 내원선원內院禪院 등으로 옮겨서 '이 몸 끌고 다니는 주인공'을 찾기에 골몰하였다.
 낮이나 밤이나 주인공 찾는 일에 매달리다 보니 그토록 치성을 부리던 망상과 졸음이 차츰 물러갔고, 공부가 이루어지지 않는 데 따른 조급증도 사라지면서 마음이 차분하게 가라앉았다.

 이렇게 참선 공부가 차츰 순일純一하게 이루어지자, 1916년(25세) 여름에 통도사로 돌아와서 은사이신 성해선사 앞에 무릎을 꿇고, '허락 없이 통도사를 떠난 허물과 되돌아오라는 명을 어긴 데 대한 벌을 내려주십사' 하고 청하였다.

그러나 은사스님은 한마디의 꾸중도 하지 않고, 큰 절에서 조금 떨어진 안양암으로 데려가서 금족령禁足令을 내렸다.

"네 잘못은 스스로가 잘 알 것이다. 오늘부터 별말이 있을 때까지 이 암자에서 한 걸음이라도 벗어나서는 안 된다. 그토록 정진하는 것이 원願이었으니 어디 한 번 죽도록 해 보아라. 한목숨 걸어놓고 실컷 원 없이 해보아라."

경허鏡虛 선사가 서산 천장암에서 문을 걸어 잠그고 수행하였듯이, 누구에게나 안목을 열어주는 소중한 시절인연은 있기 마련인데, 이때가 나에게는 가장 값진 수행 시절이었다.

안양암에서의 생활은 그야말로 참선 수행의 절정기가 되었다. 밥 먹는 시간 외에 나의 하루는 온통 좌선으로 이어졌다. 눕지도 않았고 잠을 자지도 않았다. 오직 '이뭣고(이 무엇고)' 화두삼매話頭三昧에 젖어 들어서 밤낮을 잊고 있었다.

이때 비로소 나는 득력得力을 했다. 어떠한 경우에도 수행이 뒤로 물러나지 않는 불퇴전不退轉의 힘을 얻었다. 나에게 내린 은사스님의 벌이 가장 축복된 선물로 바뀐 것이다.

그리고 이때 있었던 또 하나의 소중한 일은 당시 안양암 선원의 조실祖室로 계셨던 해담스님과의 인연이었다.

해담海曇(1862~1842) 스님은 깊은 수행과 도력으로 불교계를 지도했던 일제강점기의 대표적인 고승 가운데 한 분이다. 선禪·화엄華嚴·계율戒律·염불·기도 등 불교의 모든 공부에 깊은 조예가 있었던 해담스님과 함께한 나의 안양암 생활은 남다른 의미가 있었다.

나는 참선 정진하는 여가에 해담스님으로부터 역대 조사歷代祖師들의 도담道談과 염불정진법, 계율에 관한 공부, 『화엄경』의 대의 등에 대해 다시 한번 지도를 받을 수 있었다. 이는 나의 중생 교화에 큰 밑거름이 되었다.

뿐만이 아니다. 해담스님과는 인간적인 깊은 정의情意

를 주고받았다. 오도 후에도 나는 큰 일이 있을 때마다 해담스님과 상의하였고, 화엄산림법회華嚴山林法會에서 함께 설법하는 등, 통도사의 불사佛事에도 정성을 아끼지 않았다.

마산포교사

 안양암에 머무르면서 좋은 시절을 보낸 지 6개월, 통도사 산중회의山中會議에서는 나를 경상남도 마산포교사馬山布敎師로 파견할 것을 결정하였다.
 1917년(26세) 1월 19일, 바랑을 꾸린 나는 안양암을 떠나 마산 합포성合浦城 서쪽의 학령鶴嶺 기슭에 있는 마산포교당에 이르렀다. 그때 나는 자신감이 충만되어 있었다.

 '마음의 보배칼이 녹슬지 않고 찬란하다면 두려울 것이 없고, 지혜의 달이 영롱한 이상은 포교하지 못할 이가 어디 있으리?'

 나는 언제나 기쁜 마음으로 신도들을 맞이하였고, 계행을 철저히 지키면서 알아듣기 쉬운 언어로 열심히 설법을 했다.

갈수록 나를 믿고 귀의하는 신도들이 늘어나자 포교당에다 선원禪院을 열었고, 수시로 수계식受戒式도 개최하여 신도들을 참 불자의 길로 이끌어 갔다.

또, 신도들과 합심하여 포교당 법당 앞에 믿음과 정성을 모은 삼층석탑을 세우고, 석탑의 사면에 불경을 새겨 넣는 독창적인 불사佛事를 시도했다. 그야말로 마산의 불교계는 젊은 나로 인해 활기를 되찾기 시작하는 듯했다.

내가 마산포교사로 있었던 때에 또 하나의 특기할 만한 일은 독립운동가요 언론가인 위암韋庵 장지연張志淵(1864~1921) 선생과의 깊은 교유였다.

1905년 11월 17일, 일본에 의해 을사보호조약이 강제로 체결되자 장지연선생은 황성신문 1905년 11월 20일자에 〈시일야방성대곡是日也放聲代哭〉이라는 제목의 글을 써서, 일제의 침략과 을사오적을 규탄하고 국민의 총궐기를 호소한 일로 우리에게 널리 알려진 애국지사이다.

그러나 선생은 끝없는 항일투쟁으로 수없이 감옥을 넘

나들다가 일제에 의해 모든 일자리를 빼앗겼고, 1910년의 한일합방 이후에는 왜병의 감시 속에서 유배 생활이나 다름없는 나날을 보내야 했다.

선생은 나라를 빼앗긴 아픔을 달래기 위해 자주 마산포교당을 찾았고, 마침 포교사로 취임해 온 나를 만난 것이다. 선생은 나의 법회에 빠짐없이 참여하여 설법을 들었다. 그리고 수시로 만나 함께 시를 지으면서 나라와 이 땅의 운명을 걱정했고, 나라 잃은 울분을 삭이기도 하였다.

하지만 마산포교당도 1919년(28세) 음력 7월에 떠나야 했다. 양산군에 있는 내원사內院寺 주지로 임명되었기 때문이었다.
나는 한 수의 시를 남기고 도시의 포교당에서 깊은 산중의 사찰을 향해 발걸음을 옮겼다.

報恩塔出人天讚　　보은탑출인천찬
漏盡香初不宿鐘　　누진향초불숙종

佛地同功終作別 불지동공종작별
今宵悵月海中峰 금소창월해중봉
보은탑을 세우니 사람과 하늘이 찬양하고
향내음 풍길 제 종소리가 은은했지
모두 함께 공덕 쌓고 마침내 작별하니
오늘 밤의 비창한 달 해중봉에 걸렸어라

양로염불만일회

양산 내원사의 주지를 맡아 2년여 동안 선방禪房의 수좌首座들과 절 살림을 돌본 나는, 1921년(30세)에 다시 통도사로 돌아와서 보광선원普光禪院에서 참선 정진에 몰두하였다.

그런데 어느 날 함께 공부했던 도반이요 안목 있는 수좌인 정보우鄭普雨 스님이 찾아와서 멋진 제안을 했다.

"내가 나락 50섬을 낼 것이니, 힘을 합쳐서 염불당念佛堂을 만들자."

'통도사 산내山內에 지금까지 없었던 염불당을 만들어서 승려와 신도들에게 염불 정진을 할 수 있게 하고, 의탁할 곳이 없어서 빌어먹고 다니는 불쌍한 노인들을 구제하면 그 얼마나 좋은 일인가!'

이렇게 생각을 하자 마음 깊은 곳에서 자비심이 샘솟았다. 그래서 주저 없이 손뼉을 치면서 승낙을 했다.
"그래, 하자."
말이 끝나기 바쁘게 나는 움직이기 시작했다. 설치 장소 물색, 운영 방법 등을 구체화시킨 뒤, 통도사 산중회의山中會議에 상정하여 '극락암에 염불당을 만들라'는 허락을 얻었다. 나와 통도사 극락암이 깊은 인연을 맺게 된 최초의 일이었다.

그러나 보우스님이 약속했던 나락 50섬은 말로만 끝나버렸고, 운영자금이 모자라서 일을 진척시킬 수가 없게 되었다.
결국 신용만 잃은 꼴이 되었지만, 나는 좌절하지 않았다. 오히려 필요한 경비를 마련할 수 있는 일이라면 기꺼이 하였는데, 먼저 산중 승려들이 먹고 남은 양식들을 모으는 일부터 시작했다.
통도사 승려들은 한 달 양식으로 소두 서 말씩의 쌀을 뒤주에 넣어 놓고 먹는다. 그러나 외부에 나가서 며칠씩 있게 되면 자연히 그 쌀은 남는다. 그것을 모으기 시작했다.

그리고 통도사 노전爐殿에서 염불하는 승려들을 선도하는 직책인 인두引頭를 자원하여, 모연금과 재위답齋位畓 등을 모았다.

3년의 시간이 흘렀을 때 어느덧 나락도 50섬이 모였고, 논도 1만 2천 평을 마련할 수 있었다.

1925년(34세) 3월 10일, 나는 극락암에 1만 일을 기약하는 양로염불만일회養老念佛萬日會를 창설하고 회장직을 맡았다. 이렇게 시작된 양로염불만일회는 1940년 10월 27일 백련암白蓮庵으로 옮겨졌고, 1953년 1월 1일에 회향廻向을 하였다.

창설의 준비부터 회향의 그날까지 30년 동안 의탁할 곳이 없는 불쌍한 이들과 자기가 자기를 구제할 수 없는 사람들의 제도를 위해 아낌없이 힘을 쏟았다.

"나무아미타불 나무아미타불 나무아미타불……."

극락암 법당에서 흘러나오는 낭랑하고 간절한 염불 소

리는 만일회에 참여한 사람이나 법당 밖에서 듣는 이로 하여금 극락정토에 태어나고자 하는 소망을 불러일으켰고, 나는 염불을 하는 중에 자성미타自性彌陀의 자리를 찾는 일을 게을리하지 않았다. '염불하는 주인공'을 찾는 일에 몰두하였던 것이다.

 나아가 나는 극락암에 선원을 개설하고자 했다. 극락암을 자성 자리 찾는 근본도량根本道場으로 가꾸고 싶었던 것이다.
 그러나 당시 극락암 주위에는 영축산 속의 논밭을 갈아 먹고 사는 사람들이 모여 있었기 때문에 선방의 개설이 불가능하였다.
 "불사佛事를 위한 일이니 절을 비워 주시오."
 좋은 말로 설득도 하고 회유도 했었지만, 그들은 농사 잘되는 좋은 논밭을 버리고 선뜻 떠나려고 하지 않았다. 하는 수 없이 행정당국에 건의해서 떠나게 하였지만, 그들은 또다시 와서 절을 지키는 처사處士에게 폭력을 휘두르기까지 하였다.

그때 정보우 스님이 다시 제안을 했다.

'극락암에서 화엄산림법회華嚴山林法會를 열어보라.'

가만히 생각을 해보니, '화엄산림법회가 열리면 많은 사람들이 참여하기 때문에 절을 지키는 데 어려움이 없을 것이고, 시주도 많이 들어올 것이니 양로염불만일회 뒷바라지도 힘들지 않을 것'이라는 판단이 섰다.

이에 나는 극락암 화엄산림법회 개최를 위한 동참문同參文을 쓰는 등 각종 준비에 착수하였다.

대오大悟 그리고 점검

여래선을 깨닫다

1927년(36세) 11월 15일, 법주法主 겸 설주說主가 된 나는 극락암에서 화엄산림법회를 시작하였는데, 많은 사람들이 동참하였다.

그리고 그때 함께 『화엄경』을 설법한 분은 당시에 통도사를 대표했던 고승으로, 나의 안양암 시절 정진에 각별히 관심을 기울여 주셨던 해담海曇 스님이었다.

법문은 시작되었고, 해담스님과 나는 교대로 설법을 했다. 그런데 그날부터 화두話頭가 일념一念으로 접어드는 것이었다.

'이 몸 끌고 다니는 주인공이 무엇인가?'

아니, '이뭣고?'·'뭐꼬?'로 족했다.

오직 의심〔?〕 하나만이 온몸을 휩싸고 있었다.

해담화상이 법문을 할 때에도 법상法床 밑에 앉아 있기는 하였지만 '이뭣고?'에 몰입되어 있었고, 밤에는 한 번 앉으면 날이 새는 것도 모른 채 '이뭣고?' 화두와 한 덩어리가 되었다.

참선을 할 때마다 그토록 치성을 부리던 졸음과 망상은 이미 자취를 감춘 뒤였다. 망상과 졸음이 스스로 달아나 버린 것인가? 그야말로 나는 잠잘 때도 깨어 있을 때도 한결같은 오매일여寤寐一如의 삼매에 젖어 들었다.

화엄산림을 시작한 지 닷새째 되는 날인 **11월 18일**(양력 12월 11일), 갑자기 벽이 무너진 듯 시야가 넓게 트이면서 천지간天地間에 오롯한 일원상一圓相이 나타나는 신이한 경지가 펼쳐졌다.

나와 남, 주관과 객관이 모두 무너진 경계가 하나의 둥근 원으로 표출된 것이다. 그때 한 수의 게송偈頌이 저절로 입에서 흘러나왔다.

天地口吞是上機　　천지구탄시상기
石兎乘鶴逐泥龜　　석토승학축니구
花林鳥宿江山靜　　화림조숙강산정
蘿月松風弄阿誰　　나월송풍롱아수

하늘과 땅을 삼키니 큰 기틀이구나
돌 토끼 학을 타고 진흙 거북 쫓아가네
꽃 숲에는 새가 자고 강산은 고요한데
덩굴과 달과 솔바람을 그 누가 즐기리

이튿날인 11월 19일 아침, 큰 방에서 공양을 하기 위해 바리때를 펴는데, 갑자기 바깥으로 뛰쳐나가고 싶은 충동이 용솟음쳤다.

곧바로 펼쳤던 바리를 다시 포개어서 제자리에 얹은 다음, 밖으로 뛰쳐나가 극락암 연못 옆의 감나무 있는 곳에 이르렀는데, 전신이 얼떨떨해지면서 이상한 전류가 온몸을 감싸는 듯한 느낌이 들었다.

그 순간 나는 이 몸과 우주가 둘이 아닌 불이不二의 경지를 체득하였다. 가슴에서 밝은 희열이 용솟음쳐 오르면서, 있는 그대로의 세계가 눈앞에 다가왔다.

눈앞에 전개되고 있는 모든 현상이 마음이 만들어낸 것이요, 그 마음이 바로 **평상심**平常心임을 체험하였다. 그리고 모든 존재는 있는 그대로, 자연 그대로, 나와 **불이**不二의 관계 속에 있다는 진리를 요달하였다.

미혹迷惑에 가려진 중생들과 나의 차이점은 이 세상을 번뇌 없이 갈등 없이 생생하고 또렷하게 볼 수 있다는 것이었다.

비로소 나는 **여래선**如來禪을 깨달은 것이다.
나의 입에서는 또다시 게송이 터져 나왔다.

鐘鐸方鳴急出門　　종탁방명급출문
碧天如海徹無雲　　벽천여해철무운
一光垠照三千界　　일광은조삼천계
我與乾坤未別分　　아여건곤미별분

종소리 목탁 소리에 급히 문을 나서니
푸른 하늘 바다런 듯 구름 한 점 없구나
한 빛이 삼천대천세계를 모두 비추니
나와 하늘과 땅을 분간하기 어렵구나

人人自有出頭門　인인자유출두문
三毒多生閉疊雲　삼독다생폐첩운
一刻心空歸古宅　일각심공귀고택
山河凡聖豈能分　산하범성기능분

사람마다 스스로 나아갈 문이 있건마는
여러 생을 삼독의 구름 속에 갇혀 지냈네
잠깐 사이 마음 비워 옛집으로 돌아가니
산과 강과 범부 성현 어찌 따로 구분하리

확철대오 確徹大悟

 두 차례의 깨침…. 그러나 그렇게 좋은 경지가 나타났음에도 '이뭣고' 화두에 대한 나의 의심은 완전히 풀리지 않았다. 이를 스스로 점검한 나는 초저녁부터 앉아서 화두삼매話頭三昧에 들었다.

 1927년 11월 20일(양력 12월 13일) 새벽 두 시 반경이었다. 바람도 없는데 갑자기 앞에 있던 촛불이 '파파파파' 소리를 내면서 크게 춤을 추었다.
 문득 나는 무릎을 탁 치고 크게 웃으면서 자리를 박차고 밖으로 뛰쳐나갔다.
 '이뭣고?'
 그토록 노력해도 알 수 없었던 의문덩어리가 찰나에 확 녹아버리면서 자성自性 자리가 나타난 것이다. 나는 오도悟道의 심경心境을 이렇게 읊었다.

我是訪吾物物頭   아시방오물물두
目前卽見主人樓   목전즉견주인루
呵呵逢着無疑惑   가가봉착무의혹
優鉢花光法界流   우발화광법계류

내가 나를 온갖 것에서 찾았는데
눈앞에 바로 주인공이 나타났네
허허, 이제 만나 의혹 없으니
우담발라 꽃 빛이 온 누리에 흐르네

이때의 오도는 나 자신을 관념적으로 확인하는 데 그친 견성見性이 아니었다. 의문에 가득 찬 나를 더 이상 나아갈 수 없는 데까지 몰고 가서, 잠시도 나를 떠남이 없었던 주인공의 참모습을 생생하게 확인한 체험견성體驗見性이었다.

비로소 나에게는 주인공에 대한 어떠한 의문도 남아 있지 않았다. 동시에 소년 시절, 어머니의 죽음과 함께 끊임없이 따라다녔던 인간 존재의 불완전성에 대한 허무

감과 생사의 문제를 완전히 요달할 수 있게 되었다.

견성을 한 나의 주위에는 3천 년 만에 한 번씩 피어난다는 대길상大吉祥의 꽃 우담발라화가 가득히 피어 있었고, 우주 삼라만상에서 보내오는 서기瑞氣를 그대로 느낄 수 있었다.

마침내 조사선의祖師禪義를 체득한 것이다.

3일 사이에, 하늘과 땅을 삼키는 일원상一圓相을 접하였고, 이 몸과 우주가 둘이 아닌 불이不二의 여래선如來禪을 깨달았으며, 한 점 의혹 없이 문자와 사고를 초월한 참나를 확철대오確徹大悟한 것이다.

깨닫고 보니 모든 것은 너무나 자명自明하였다. 중생의 눈과 귀가 미혹으로 짙게 가려져서 보지 못하고 느끼지 못했을 뿐, 밝고 밝은 법성法性의 도량道場에 달빛은 언제나 투명하고 바람은 항상 맑아, 아무런 일도 없었던 것임을 왜 몰랐던가!

이때 나는 인생을 꿈으로 풀었다.

法界衆生過百年　　법계중생과백년
　　此心無見夢中眼　　차심무견몽중안
　　온 누리 중생이 백 년을 산다고 해도
　　참 주인공을 못 보면 한갓 꿈속이로다

지극한 믿음의 대상이었지만 아득한 곳에 따로이 존재하고 있는 것만 같이 느껴졌던 부처님을 어찌 그토록 멀리서 구했는가 싶었다. 이미 달라진 나는 '이름도 나와 같아 눈앞에 있는〔與我同名坐目邊〕' 그 부처님을 너무도 역력하게 체험할 수 있었다.

이어서 확철대오한 경지에 대해 나는 주인공과의 문답시問答詩와 〈태평가太平歌〉를 지어서 거듭 확인하였다.

　〔문〕 쯧쯧 무정한 나의 주인공아
　　　　이제사 만나다니 어찌 이리 늦었노
　〔답〕 하하 우습다 내가 그대 집 속에 있었건만
　　　　그대 눈이 밝지 못해 이같이 늦었을 뿐이네

영리한 주인공 주인공아
그대 말이 그러하고 그러하구나
오늘 따뜻한 날씨에 바람이 화창한데
산은 층층하고 물은 잔잔하며
산꽃은 웃고 들새는 노래 부르니
손을 마주 잡고 태평가나 불러보세

중생들은 이 주인공을 모른 채 살아간다. 그러나 주인공을 깨달은 도인道人은 다르다. 도를 단순히 주인공을 이해하거나 찾는 데서 그친 것이 아니라 주인공과 하나가 된 나는 활용을 마음대로 경지에 이르러 있었다.

그래서 뚜렷이 밝고 지극히 신령한 이 주인공을 수시로 불러내어, 갖가지 가사를 붙이면서 흥겹게 태평가를 불렀다.

주인공아 주인공아
태평가를 불러보세 태평가를 불러보세
녹양천변綠楊川邊 방초안芳草岸에 백우白牛를 잡아타고
임운등등 등등임운 마음대로 놀아보세

버들가지가 청청히 늘어지고 들꽃이 아름답게 피어 있는 그 언덕에서, 저 설산雪山의 신령한 풀인 비니초를 먹고 자란 흰 소(우리의 본성에 비유)를 잡아타고, 이리 뛰고 저리 뛰면서 마음대로 놀아보자고 한 것이다.

자유롭고 걸림 없는 도인의 노래 태평가.
매 순간의 생존경쟁과 사람 및 물질에 사로잡혀 하루하루를 살아가는 중생들은 이 태평가의 경지를 이해할 수가 없다. 모든 번뇌의 적을 물리치고 주인공을 자유자재로 활용하며 자유롭게 사는 도인의 경지를 어찌 쉽게 느낄 수 있겠는가.

그러나 나는 사람들에게 태평가를 부르라고 한다. 마치 적군이 나라를 침범해 왔을 때 대장군이 전쟁터에 뛰어들어서 적군을 물리친 뒤 승전가를 부르며 귀향할 때처럼, 모든 근심 걱정을 놓아버리고 태평스러운 마음으로 태평가를 부르라고 한다.

이렇게 스스로가 닫아 놓은 마음의 문을 열어 주인공과 함께 태평가를 부를 때 모든 일은 오히려 더 잘 풀려나가기 때문이다.

모든 이들의 번뇌를 잠재우고 정신을 일깨우기 위해서 나는 깨달음의 노래인 태평가를 즐겨 불렀던 것이다.

【엮은이의 변辯】

우리는 여기서 확철대오가 있기까지의 경봉스님이 걸어왔던 수행 과정을 다시 한번 분명히 살펴보아야 한다. 스님의 수행 과정에는 다른 선사들의 수행과 구별되는 뚜렷한 특징이 있기 때문이다.

일반적으로 선을 닦아 도를 깨닫는 선승禪僧들은 오로지 참선 수행에만 전력투구한다. 화두 하나만을 잡고 피나는 수행을 함으로써 도를 이루는 경우가 대부분이다.

그러나 경봉스님은 그렇지 않았다. 물론 스님도 참선을 수행의 중심으로 삼아 열심히 정진하였다.

그렇지만 이제까지 살펴본 바와 같이, 스님은 불경도 열심히 보았고, 염불도 게을리 하지 않았으며, 선승들이 기피하는 주지직도 기꺼이 맡았고, 포교사 노릇도 하였다. 탑을 세우는 등의 불사佛事도 하였고, 양로염불만일회도 만들었으며, 화엄산림법회도 열어 수많은 사람을 교화하였다.

  그야말로 부처님이 가르치신 모든 공부를 두루 섭렵하였고, 중생을 위한 보살행을 꾸준히 실천하였던 것이다. 그런데도 스님은 확철대오하였다.

  흔히들 참선 수행자는 참선만 해야 도를 깨닫는다고 주장하는 이들이 많지만, 스님은 분명 아니지 않은가!
  위로는 가장 완벽한 깨달음을 구하는 수행〔上求菩提〕.
  아래로는 중생을 교화하는 보살행〔下化衆生〕.
  이 둘을 함께 실천하신 경봉스님.
  확철대오의 과정에서 보여주신 경봉스님의 이러한 면이야말로, 후세 공부인들이 귀감으로 삼아야 할 매우 소중한 교훈이 되리라.

이무애변理無碍辯

확철대오가 가져다준 이무애理無碍(진리와 하나가 되어 걸림 없는 경지)의 세계는 자재로웠다. 나의 마음에는 티끌 한 점 붙을 곳이 없었고, 어떠한 사람도 어떠한 일도 걸림의 대상이 될 수가 없었다.

출가 20년 만에 맞이한 이 경지를 누구와 더불어 함께 나눌 수 있다는 말인가?

나는 춤을 추었다. 달밤에 홀로 삼소굴三笑窟 뒤에서 춤을 추었다. 기쁨에 겨워 어깨춤에 발까지 굴리면서 환호를 동반한 춤을 추었다.

그 춤에, 그 환호의 소리에 영축산은 갑자기 살아 움직이기 시작했다. 도인道人의 출세出世를 기뻐하는 산새의 지저귐 소리는 나의 신명 어린 몸동작에 맞추어서 더욱 청아해졌고, 흐르는 물은 부처님의 장광설長廣說을 토하였다.

그러나 사람들은 이해를 하지 못했다. 오히려 나의 일거수일투족을 광狂의 기운으로 읽는 이들이 많았다.

확철대오 다음 날, 화엄산림법회에 등단한 나의 설법은 그 전날의 내용이 이미 아니었다. 아니, 『화엄경』을 새기는 나의 시각은 완전히 달라져 있었다.

이전까지는 문자에 매달려서 글귀의 뜻을 파악하고 전달하려 했었지만, 대오 후에는 나무에서도 물에서도 돌에서도 흙에서도 화엄의 법문이 끊임없이 펼쳐지고 있었던 것이다.

一二三四五六七　일이삼사오륙칠
大方廣佛華嚴經　대방광불화엄경

법문을 하는 나에게는 설법을 듣는 사람들의 얼굴에 있는 두 눈과 두 귀, 두 개의 콧구멍과 하나의 입을 합친 일곱 문門이 곧 대방광불화엄경이었고, 살아 있는 사람의 생활 그 자체가 화엄법문華嚴法門이었으며, 우주 삼라만상은 합창을 하면서 끊임없이 화엄경을 설법하고 있었다.

모든 사람의 몸과 마음이 그대로 화엄법계華嚴法界요, 본래부터 청정하여 물듦이 없는 자리요, 주객의 분별이 없는 부동지不動智의 비로자나불이었던 것이다.

나는 설법을 시작했다.

온갖 만물이 진여의 몸이요
푸른 산 흐르는 물은 태고의 뜻이다
頭頭物物眞如體   두두물물진여체
水水山山太古情   수수산산태고정

화엄경의 도리는 사람마다 낱낱이 자기 몸에 다 있고, 일상생활 하는 데 다 있으며, 밥 먹고 옷 입고 보고 듣는 데 있다.

그러나 나의 다음 말은 부드럽지 않았다. 평소 같으면 당연히 '남녀 생식기에도 있다'고 할 것을, 이무애理無碍

차원의 투박하고 직설적 표현이 튀어나왔다.

"이 화엄의 도리는 좆에도 있고 씹에도 있다. 화엄경의 도리가!"

나는 사자후를 거침없이 토했다. 천진난만한 동심童心으로 돌아가 있었던 나는 그와 같은 표현이 사람들을 놀라게 한다는 것까지 잊고 있었다.

예로부터 밤잠 안 자고 고생 끝에 도를 깨친 고승들 중에 미치지 않은 사람은 거의 없었다. 인위적이 아니라 기쁨에 겨워서 그렇게 될 수밖에 없었던 것이다. 이것을 '깨친 뒤의 나풀거리는 기쁨의 바람'이라고 하는데, 나는 한창 그 바람 속에 휩싸이고 있었다.

'미친 스님'이라는 소문은 사람들의 입을 통해 자연스럽게 퍼져 나갔다. 마침내 육촌 형은 '직접 확인을 한 뒤에 정말 미쳤으면 정신병원에 데리고 가야겠다'는 생각으로 극락암을 찾아왔다.

하룻밤을 같이 자면서 이야기를 해본 결과, 나의 정신

이 결코 이상하지 않음을 확인을 한 육촌 형은 편안한 마음으로 돌아갔다.

'이래서는 안 되겠다. 이렇게 하다가는 중생교화도 정법正法의 선양도 되는 것이 없겠다.'

이렇게 결심을 한 나는 그 나풀거리는 기쁨의 바람을 잠재웠다. 알아듣지도 못할 법문일랑은 함부로 나타내지 않기로 하였다. 그리고 평생토록, 쉬우면서도 듣는 이에게 가장 적절한 법문을 들려주고자 하였다.

이렇게 깨달은 뒤의 기쁨의 바람이 중생제도를 향한 결심으로 잦아들게 됨에 따라서 나의 법문은 누구도 흉내 낼 수 없는 뚜렷한 특색을 띠게 되었다.

동시에 나는 열정과 힘을 모아 대오大悟 다음의 보임保任에 전력투구하였다.

만공滿空·용성龍城·한암漢巖 등 당대의 도인스님들께 진지하게 법法을 묻고 답하였으며, 조사祖師들의 어록과 경전을 보면서 찾은 옥玉을 갈고 닦아 빛을 발현시키면서, 틈틈이 법상에 올라 설법을 하였다. 그리고 극락호국선원을 열어 후학들을 지도하고 불자들을 맞이하면서 여여如如하게 지내고 있다.

 이상은 내가 도를 닦아 대오하기까지의 과정을 요약한 것이다. 정진에 다소나마 도움이 되었으면 하는 마음으로 이야기하였으니, 잘 참고하기 바란다.

II

이뭣고?

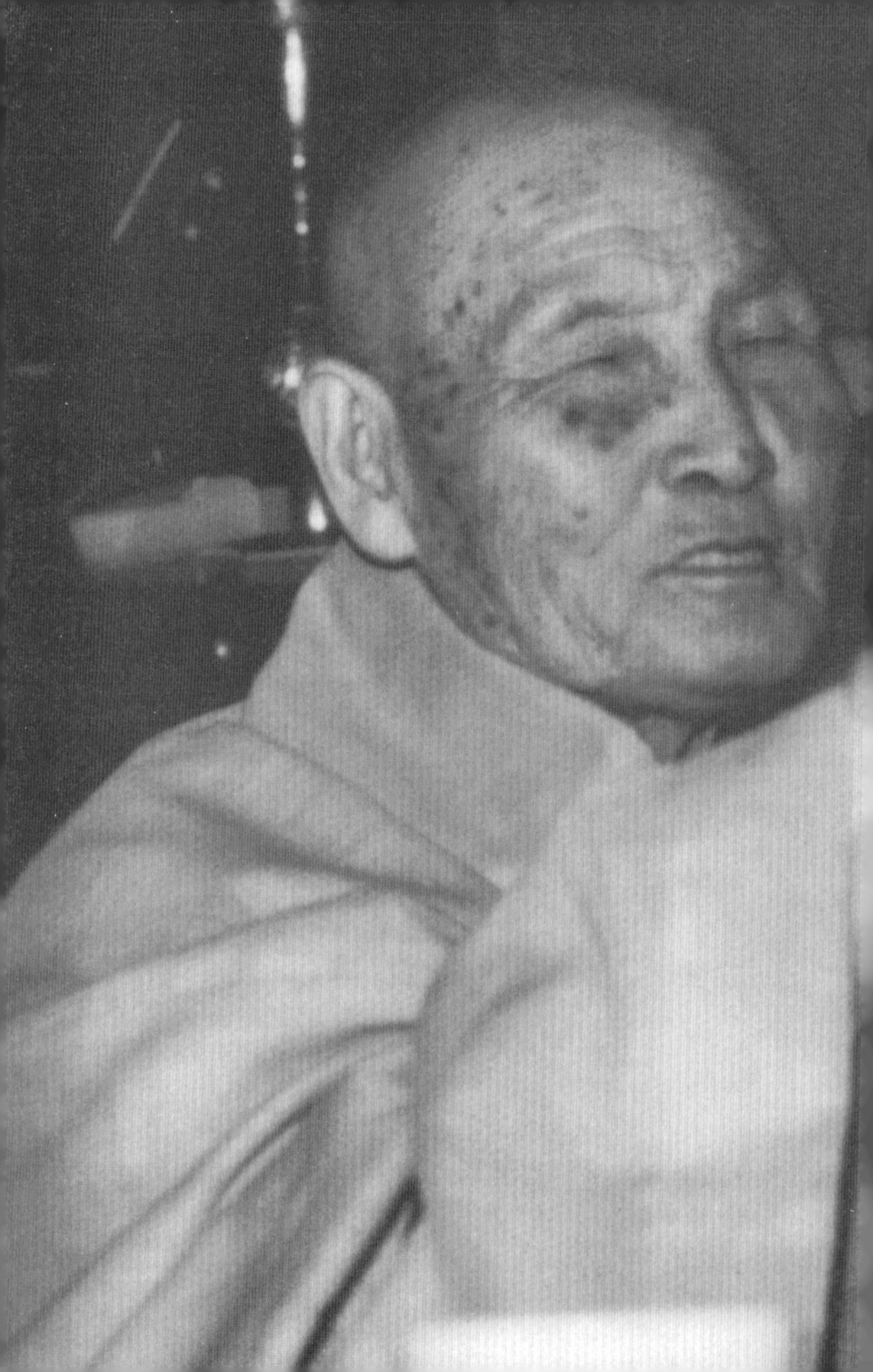

선 수행자들에게 법문하시는 스님
불끈 쥔 주먹! 이것이 무엇인가?

진짜 '이 자리'

안심입명安心立命

聲前眉語傳　　성전미어전
默然眼微笑　　묵연안미소
말하기 전에 눈썹말을 전하고
묵연히 눈으로 미소를 짓네

법문은 입으로만 하는 것이 아니다.
삼라만상 모두가 법문을 하고 있다.
또 목격目擊에 도존道存이라,
눈이 마주치는 곳에 도가 있다.
여러분이 가만히 참선을 하고 있는 이것이 극락세계 소

식이요, 이것이 안락처요, 이것이 불경계佛境界에 들어가는 것이다.

우리의 마음은 항상 편해야 한다. 몸은 바쁘더라도, 마음은 태연부동泰然不動해야 한다. 몸은 바쁘더라도 마음이 태연해야 안락처를 얻을 수 있다.
왜 그런가? '이 자리'는 모든 사람에게 다 있는 것인데, 스스로가 잘못해서 가슴이 답답하고 머리가 아프게 된 것이다.
우리의 삶 속에 분별망상의 도적이 들어 있어서 항상 불안한 것이니, 이 분별망상을 가라앉히고 쉬고 없애야 몸과 마음이 편안해진다.

참선을 하여 탐심貪心과 진심瞋心과 모든 망상을 다 쉬어서, 어떤 생각이 붙으려고 해도 붙을 수 없는 지극히 고요한 경지에 들어가면, 편안함이 저절로 찾아들어 몸도 편안하고 마음도 편안해진다.
지극히 고요한 데 들어가면 편안할 뿐만 아니라, 내 몸과 마음이 백천일월百千日月보다도 더 밝아지고 백천 바닷물보다 더 맑아지는 경지가 들어온다.
 곧 참선을 하여 지극히 고요한 경지에 들어가면 맑아지고, 맑아지면 밝아지고, 밝아지면 통하게 되어 있다.

 실로 마음이 바르고 맑으면 모든 일이 편안하고 즐겁다. 반대로 마음이 바르지 못하면 몸과 마음이 불안해지고, 위태롭고 근심이 가득해진다.
 물론 몸도 바르게 해야 한다. 그러나 아무리 바르게 앉고 바르게 서 있을지라도 마음이 바르지 못하면 바른 것이 아니다. 바른 마음을 가지고 몸도 바르고 말도 바르게 해야 한다.

 금을 캐면 금 속에 은도 들어 있고 동도 들어 있고 철과 아연도 들어 있는데, 그러한 잡것들을 다 빼내어 24금이 되면 전 세계에서 통용되는 보배가 된다.
 보검을 만들 때도 불에 넣어서 달구어낸 쇠를 자꾸자꾸 뚜드려서 쇠똥을 계속 빼내되, 더 이상 잡철이 나오지 않을 때까지 뚜드려야 쇠의 정수만 남게 된다.
 그리고 마지막으로 불에 달군 쇠를 물에 넣었다가 건

져낼 때의 온도가 덥지도 차지도 않게 되어야 묘妙가 생겨나는 것이다. 그래야 보검이 된다.

우리는 본래 갓난아기처럼 천진난만해서 아무런 생각이 없었는데, 탐·진·치 삼독심으로 일으킨 팔만 사천 가지 번뇌들이 잡철 붙듯이 붙어있는 것이다.
그러므로 자꾸자꾸 마음을 단련하고 바르게 하여, 마음속에 잡된 생각이 완전히 없어지게 되면 순금이 되고 보검이 된다.

우리가 알려고 하는 진짜 '이 자리'는 생각으로 헤아려서 구할 수 있는 것이 아니요, 생각을 안 한다고 얻어지는 것도 아니다. 오직 무심無心이 되어야 얻을 수 있으니, 무심은 마음이 없는 것이 아니라 망상妄想 없는 것이 무심이다.
이 자리는 가히 말로써 어떻게 설명할 수가 없고, 문자로 어떻다고 표현할 수가 없고, 침묵으로도 통할 수가 없는, '성전미어전 묵연안미소'의 자리이다.

꼭두각시놀음

 우리나라 전통 인형극 중에 '이 자리'를 멋있게 표현한 작품이 있다. 바로 꼭두각시놀음(중요무형문화재 제3호)이다. 누가 창안을 했는지 모르지만, 내용을 보면 아주 멋진 도인이 구성을 한 인형극임을 알 수 있다.
 이 꼭두각시놀음은 남사당패에서 많이 공연하였는데, 내가 젊었을 때는 주인공의 이름을 따서 '박첨지朴僉知 놀음'·'홍동지洪同知 놀음'이라고도 하였다. 전체가 8막으로 구성되어 있다.

 먼저 마을 한복판의 빈터에 기둥을 네 개 세우고 장막을 친다. 여기서의 동네 빈터는 법계의 공空함을, 네 개의 기둥은 지地·수水·화火·풍風의 4대四大를, 장막은 우리가 사는 세상을 나타낸다.

그리고 장막 뒤에서는 사람들이 인형을 조정한다. 이 인형들은 각기 다른 탈바가지를 뒤집어쓰고 장막 위로 모습을 나타내어 춤도 추고 노래도 부르는데, 실제로 그 인형들을 조정하는 것은 장막 뒤쪽에 숨어 있는 사람들이다.

인형들이 입도 열고 춤도 추기 때문에 정작 인형들이 공연하는 것처럼 느껴지지만, 그 인형들을 움직이는 주인은 따로 있는 것이다.

본격적인 인형극이 시작되기 전에 부채 하나가 나타나서 흔들흔들하며 지나간다.

이 '부채의 바람'이 무엇을 상징하는가? 바로 업業을 일으키는 근본 바람인 '무명풍無明風'이다. 무명풍이 이 업보의 세계를 만들어낸다는 것이다.

부채가 사라지고 나면 흰머리에 흰 눈썹과 흰 수염을 달고 흰옷을 입은 '박첨지'가 나와서 긴 수염을 쓰다듬으며 말한다.

"야, 오늘 사람들이 참 많이 모였다."

무명풍 속에서 박첨지라는 인물이 태어났다는 것을 알리는 일성이다.

박첨지가 입은 '흰옷'은 때가 전혀 묻지 않은 상태를 나타내며, '오늘 참 많이도 모인' 그 사람들은 박첨지 자신처럼 '부모의 탈바가지를 쓴 꼭두각시들'이라는 뜻이 담겨 있다.

여기까지가 참 법문이지만, 사람들은 알아차리지 못하고, 구체적인 놀음극에 빠져들어 간다.

제1막이 시작되면, 장막 뒤에서 박첨지가 인형들 대신 말을 하는 '산받이'와, 팔도강산을 유람하다가 남사당패 놀이판에 끼어들었던 이야기를 주고받는다. 그리고는 자기소개를 한다. 드디어 '중생 세계의 놀음판'에 뛰어든 것이다.

제2막부터 제7막까지는 위선과 재앙과 부정과 욕정이 넘쳐나고, 권력의 횡포가 판치는 험난한 세상살이를 풍자하고 있다.

제2막은 마을 뒤에 있는 절의 승려와 질녀가 놀아나는 것을 본 박첨지가 크게 노하여, 조카인 '홍동지'를 불러서 승려를 내쫓는 내용이다.

제3막은 박첨지가 사돈인 '최영로崔永老'의 집에 가서 새를 쫓고 있는데, 이무기가 나타나서 그를 잡아먹을 찰나에 홍동지가 와서 구해주는 내용이다.

제4막에서는 눈을 굳게 감은 '동방노인'이 등장한다. 그는 눈을 감고 나타난 이유를 '세상이 부정不淨한 때문'이라고 하면서, 어지러운 세상에 대해 신랄하게 풍자를 한다.

제5막의 주인공은 '표생원表生員'과 '꼭두각시'이다. 표생원은 오랫동안 헤어져 있었던 본처 꼭두각시를 만났건만, 잘해줄 생각은 하지 않고 첩인 '돌머리집'을 상면시킨다. 어찌 꼭두각시와 돌머리집의 싸움이 벌어지지 않겠는가?

더욱이 표생원이 살림을 나누어 준다면서 첩에게만 후하게 주자, 꼭두각시는 금강산으로 가서 출가를 하겠다며 퇴장을 한다.

제6막은 새로 부임해 온 '평양감사'가 민정은 살피지

않고 매사냥부터 하는 내용이다.

제7막은 평양감사가 모친상을 당하는 것으로 시작된다. 그런데 평양감사는 어머니의 상여가 나가는 것을 오히려 좋아한다. 그리고 발가벗은 홍동지를 불러서 상여를 메게 하는 내용이다.

곧 죽으면 자식도 소용이 없다는 것과, 발가벗은 홍동지처럼 모든 것을 남겨두고 발가벗은 채로 간다는 것을 풍자하고 있다.

제8막은 이 인형극 중에서 가장 **불교적인 내용**을 담고 있다.

평양감사의 어머니 장례식 다음에 박첨지가 등장하여 '명당에 절을 짓겠다'고 알리면, 승려 두 사람이 나와 절을 짓는다.

　에루 화산에 절을 지어 뚝딱
　에루 화산에 절을 지어 뚝딱

노래를 부르며 뚝딱뚝딱하면 절이 순식간에 완성되고,

법상法床을 차리면 법사가 올라앉아 주장자로 법상을 내리친 다음 법문을 한다.

但盡凡情 단진범정
別無聖解 별무성해
오직 범부의 생각만 비우거라
성인의 아는 바가 따로 없느니라

이 한마디 법문을 끝내고 법사가 주장자로 법상을 친 다음에 내려오면, 곧바로 절을 지었던 두 승려가 절을 허물어버린다.
그리고 모든 등장인물과 각종 동물들이 나와 춤을 추고 노래를 하면서 한바탕 신명 나게 논다. 세상살이와 애정에 집착하는 인간들이 입도 맞추고 옆의 놈을 쥐어박기도 하면서 정신없이 놀아난다.

이렇게 놀이가 절정에 다다랐을 무렵, 발가벗은 홍동지가 제 키보다 더 큰 성기를 어깨에 걸치고 등장을 한다. 홍동지는 그 큰 성기(자지)로 춤추고 노래하는 이들을 사정없이 쳐버린다.

 첨지를 치면 첨지가 없어지고, 여자를 치면 여자가 없어지고, 감사를 때리면 감사가 사라지고, 법사를 때리면 법사가 사라진다.

 이무기도 매도 꿩도 모조리 다 때려서 없애는데, 성기를 휘둘러서 모든 것을 없애는 것을 보고 구경하는 사람들은 신이 나서 야단이다.

 성기에 맞아 모든 것이 다 없어진 빈 무대!

 이로써 꼭두각시놀음은 끝을 맺는다.

◈

 이 꼭두각시놀음에서 관중들의 눈에 보이는 인형들을 움직이게 하는 것은 장막 뒤에 있는 '속사람'의 역할이다. 인형들이 춤추고 노래하고 움직이고 말을 하는 것이 아니라, 장막 뒤의 속사람이 인형을 밀고 당겨서 살아 있는 것처럼 만드는 것이다.

 우리에게 있어 속사람은 누구인가? 바로 우리의 '주인공'이다. 오고 가고 앉고 서고 보고 듣고 느끼고 깨닫는 것이 모두 속사람의 하는 일이다.

그런데도 우리는 꼭두각시놀음을 구경하듯이 인생을 살아간다.

인형을 움직이는 장막 뒤의 사람에게는 조그마한 관심도 주지 않고, 인형들의 움직임에만 집착을 한 채 울고 웃고 노하고 즐기는 것이다.

이렇게 주인공을 잊고 겉모습인 물질과 사람에만 집착하면서 살아가니, 어찌 가슴이 답답하지 않을 것이며 머리가 아프지 않겠는가? 어찌 탐욕과 분노와 어리석음의 굴레를 벗어날 수 있겠는가?

이와 같은 중생의 삶이 인형극 꼭두각시놀음과 다를 바가 없다는 것을 깨우쳐 주기 위해서, 마지막 제8장을 극적으로 처리한 것이다.

그럼 모든 것을 쳐서 사라지게 한 **홍동지의 성기인 법방망이**는 무엇인가?

바로 '**화두**話頭'이다.

화두와 망주석

참선과 화두

　불교에서는 정신통일을 이루고 깨달음의 세계로 나아가는 가장 좋은 수행법으로 참선을 들고 있다.
　참선參禪이란 무엇인가? 참선은 도요, 도는 진리이며, 진리는 인생의 자기 생명을 찾는 일이다.

　그러나 부처님의 정법안장正法眼藏! 그 오묘한 도道는 말로써 표현할 수 있는 것도, 글로써 보일 수 있는 것도 아니다. 목격이도존目擊而道存이라, 눈이 마주치는 곳에 도道가 있다.
　척 보면 알아야지, 설명을 듣고 아는 것은 저 문밖의

소식이다.

뿐만이 아니다. 입을 열어 말하여도, 입을 닫아 버려도 도와는 팔만 사천 리나 멀어진다.

정법안장의 도는 일체의 이름과 모양이 뚝 떨어진 자리여서, 그 어떤 상대적인 말로 설명하려 해도 맞지가 않는다.

이를 분명히 알 때 도는 나와 더불어 한 몸이 되고, 나는 도 자체가 되어 살아갈 수 있게 되는 것이다. 그러나 번뇌망상이 많은 범부로서는 나의 말이 요원하게 들릴 수밖에 없다.

과연 미혹의 상태에 있는 범부가 내 속의 부처〔自性佛〕를 찾으려면 어떻게 해야 하는가?

부처님께서는 이 몸을 끌고 다니는 주인공이요 자기 생명인 자성불을 찾도록 하기 위해, 경전공부·참선·염불·주력 등의 여러 가지 방편을 보이셨는데, 나는 그중에서도 화두話頭를 참구하는 참선 공부를 많이 권하고 있다.

참선이 자기 생명을 찾는 진리의 도이기 때문이다.

그럼 어떠한 것이 화두인가?

중국의 미녀 양귀비楊貴妃는 밤에 자주 몸종인 소옥이를 불렀는데, 소옥이를 부르는 것은 정부情夫인 안녹산安祿山을 부르는 암호였다.
'소옥아 소옥아.'
이렇게 부르면 소옥이가 아니라 안녹산이 들어오는 것이다.
그래서 사람들이 시를 지었다.

頻呼小玉元無事　빈호소옥원무사
只要檀郎認得聲　지요단랑인득성
소옥이를 자주 부르지만 소옥에게는 일이 없다
다만 낭군에게 들어오라고 알리는 소리일 뿐

이 게송을 「소염시小艶詩」라고 하는데, 오조법연五祖法演

스님이 객客과 이 시를 이야기하는 것을 듣고 원오극근圓悟克勤 선사가 도道를 깨쳤다.

ꕥ

소옥이를 불러 안녹산을 들어오게 하는 것. 이것이 화두이다. 화두가 무엇인지를 알게 하는 좀더 쉬운 예를 이야기로 풀어 보자.

ꕥ

예전에 비단을 짊어지고 전국을 돌면서 장사를 하던 이가 따스하고 노곤한 봄날에 고개를 넘다가, 무덤가 양지바른 곳에서 문득 잠이 들었다. 그런데 깨고 나서 보니 베고 자던 비단 짐이 보이지가 않았다. 잠든 사이에 누군가가 훔쳐 간 것이다.

'나의 전 재산인 비단을 몽땅 훔쳐 가다니! 나는 이제 어떻게 먹고 살꼬?'

살길이 막막해진 그는 고을 원님을 찾아갔다.

"자세한 경위를 말해보아라."
"소인이 무덤가에서 잠든 사이에 누군가가 비단을 몽

땅 훔쳐 갔습니다."

"누가 훔쳐 갔느냐?"

"소인은 잠이 들어 보지를 못했습니다."

"그럼 훔치는 것을 본 사람이 없었다는 것이냐?"

"예. 보았다는 사람이 없습니다."

그때 원님은 묘한 말을 했다.

"밝은 대낮인데, 틀림없이 본 이가 있겠지. 누구냐?"

자꾸 다그쳐 묻는 원님의 추궁에 비단 장수는 마침내 엉뚱한 대답을 하였다.

"본 사람은 전혀 없습니다. 보았다면 무덤 옆에 있는 망주석望柱石이나 보았을까…."

"그 자리에 망주석이 있었더냐?"

"예."

그러자 원님이 명을 내렸다.

"사령들은 듣거라. 망주석이 범인을 보았다고 한다. 속히 그 망주석을 잡아 오너라."

원님의 명령인지라, 어쩔 수 없이 망주석을 잡으러 갔

지만 아전들은 비웃었다.

"망주석이 보기는 무얼 봐? 우리 사또가 정신이 나가지 않고서야…. 쯧!"

아전들은 투덜거리며 망주석을 묶어서 동헌 뜰에 옮겨 놓았고, 사연을 들은 구경꾼들이 호기심을 품고 모여들었다. 그때 원님은 망주석을 심문하기 시작했다.

"망주석은 듣거라! 비단장수는 네가 서 있는 무덤 옆에서 비단을 잃어버렸다고 했다. 그렇다면 필시 범인을 보았을 것이다. 본 것을 사실대로 말하렷다."

그러나 망주석의 대답이 들려올 리 만무했고, 이에 노발대발한 원님은 다시 명을 내렸다.

"저놈이 감히 고을 원님을 무시하는구나! 저놈을 엎어 놓고 매우 쳐라!"

사령은 곤장을 들고 망주석을 쳤다. 그러나 나무로 돌을 치면 치는 사람의 손만 아픈 법. 마침내 사령은 망주석을 토닥토닥 치기에 이르렀다.

이 희한한 광경을 지켜보고 있던 구경꾼들이 어찌 웃지

않을 수 있었겠는가? 하도 우스워서 폭소를 터뜨렸고, 서로들 수군거리기 시작했다. '저 철없는 사또의 하는 꼴 좀 보라'는 듯이…. 이에 원님은 큰 소리로 명을 내렸다.

"사또가 정사를 다스리는데 무엄하게 조소하고 소란을 피우다니! 저놈들을 모두 잡아 가두어라."

 구경꾼들이 잽싸게 도망을 쳤지만, 30여 명은 사령들에게 붙잡혀서 옥에 갇히는 신세가 되었다. 그때 사또는 그들에게 옥에서 풀려나는 방법을 옥졸들을 통해서 은근히 전하였다.

 "사또께서 정사를 다스리는데 조소하고 소란을 피운 죗값 대신, 비단 한 필을 바치면 풀어줄 것이다."

 모두들 어서 나갈 생각으로 가족들에게 비단 한 필씩을 가져오게 하여 방면되었고, 아전은 비단마다 가져온 사람의 주소와 이름을 적었다. 그때 원님은 비단 장수를 불러 확인을 시켰다.

"여기에 네 비단이 있느냐?"
"이것도 제 것이올시다. 저것도 제 것이올시다."

비단 장수가 여러 필의 비단을 찾아내자, 원님은 아전들에게 지시를 했다.

"이 비단을 가져온 사람들에게, 어디에서 누구에게 산 것인지를 알아 오너라."

그들이 이웃 동네 아무개에게서 샀다고 하자, 그 사람을 잡아들여 곤장 몇 대로 자백을 받아내었다.

"그 무덤가를 지나다가 비단 짐이 있는 것을 보고 욕심이 생겨서 훔쳤습니다."

마침내 원님은 비단 장수의 비단을 모두 찾아주었고, 거두어들였던 다른 사람들의 비단도 돌려주었다.

망주석을 잡아들이고 곤장을 칠 때에는 사람들이 모두 웃었지만, 진범인 도둑이 망주석 때문에 잡힐 줄은 아무도 몰랐던 것이다.

֍

참선을 할 때 공부 방법으로 삼는 **화두**話頭**가 잃어버린 비단, 곧 잃어버린 주인공을 찾는 단서**라는 것을 일러주는 이야기이다. 목적은 잃어버린 비단을 찾는 것인데, 원님은 비단과는 아무런 연관도 없는 엉뚱한 짓을 하고 있다.

 화두가 깨달음이나 부처 그 자체와는 아무런 연관이 없는 제3의 엉뚱한 짓일 뿐이지만, 그 화두에 의해서 마음의 모든 문제가 해결되고, 마지막에는 원래의 비단을 찾는 목적을 완전히 이룰 수 있게 한다.

 위의 이야기에 나오는 '고을 원님'은 우리가 '본래 갖추고 있는 근본 지혜'를 비유한 것이다. 우리가 있는지 없는지조차 모르고 있는 근본 지혜가 그와 같이 영리하고 날카롭다는 것을 고을 원님을 통해서 일깨워주고 있다.
 망주석을 증인이라 하면서 잡아들이고, 공개재판을 하고, 몽둥이로 때린다는 식의 이야기는 전혀 엉뚱한 짓일 뿐 도둑을 잡는 방법이 되지 못한다.
 또 망주석을 몽둥이로 치는 것을 지켜본 사람들이 그 우스꽝스러운 짓거리에 어이없어하면서 웃었다고 하여, 법정모독죄를 걸어서 모두를 하옥시킨다는 것도 미친 짓이요 부질없는 행동이다.

그런데도 선종의 조사들은 '잃어버린 비단'을 찾기 위해 망주석을 두드리는 것과 똑같은 방식의 화두를 일러주고, 그 화두를 들게 하고 있다.

이성적인 판단에서 보면 화두를 드는 것은 참으로 어처구니없는 짓이다. 그렇지만 이 어처구니없는 화두에 의지하면, 맑아지고 밝아져서 해탈을 한다.
불교를 믿는 목적인 벗어나고 해탈하는 지름길이 이 화두 속에 있으므로, 우리는 화두를 붙들고 열심히 씨름해야 한다.
답답하고 쓸모없는 짓이라고 생각될지라도, 안 할 수가 없는 것이 화두참선수행법이다.

대표적인 화두

선문禪門의 화두는 1천7백 가지나 된다. 그중 참선공부를 하는 이들이 많이 참구하고 있는 몇 가지를 소개하겠다.

① 문원선사가 조주스님께 여쭈었다.
  "개에게 불성이 있습니까? 없습니까?"
  "없다〔無〕."
  • 부처님은 모든 중생에게 불성이 있다고 하셨는데 왜 조주스님은 없다고 하셨는가?

② 어떤 승려가 조주스님께 여쭈었다.
  "달마대사가 서쪽에서 오신 까닭이 무엇입니까?"
  "뜰 앞의 잣나무니라〔庭前柏樹子〕."

• 달마가 서쪽에서 온 까닭은 자기 본성자리를 찾게
하기 위한 것인데, 왜 엉뚱하게 잣나무는 찾는가?

③ 어떤 승려가 운문스님께 여쭈었다.
"부처가 무엇입니까?"
"마른 똥막대기〔乾屎厥〕."
• 부처가 변소의 똥을 휘젓는 장대인 마른 똥막대기
라니?

④ 어떤 승려가 동산스님께 여쭈었다.
"어떤 것이 부처입니까?"
"마 세 근이니라〔麻三斤〕."
• 어째서 부처가 세 근의 삼이란 말인가?

이 모두가 내 마음 찾는 데에는 얼토당토않은 십만 팔천 리 밖의 말이다.

그러나 이것을 들어 의심하고 참구參究하여 끝까지 나아가서 무아無我의 경지에 이르면, 망두석을 잡아다가 때리는데 도둑놈이 잡히듯이 참사람〔眞人〕이 나타난다.

얼토당토않은 것이지만 말 이전의 말인 화두를 자꾸 의심하고 참구하다 보면 자기의 본성本性을 볼 수 있게 된다.

망두석을 치는데 도둑놈이 잡히고, '무', '마른 똥막대기', '삼 세 근' 등을 화두를 참구하는 데서 참사람이 나오는 것이다.

무無, 정전백수자庭前柏樹子, 간시궐乾屎橛, 마 삼 근麻三斤 등의 화두를 들고 자꾸 참구하여 나아가면 고요한 경지에 이른다. 번뇌가 없는 고요함에 이르게 되는 것이다.

그때 몸과 마음이 편안해지는데, 그 편안함에서 무엇과도 비교할 수 없는 아늑함이 생겨나게 된다. 거기에서 더 나아가면 본래 내 마음의 지극히 맑은 경지에 이르게 되고, 이윽고 크게 밝은 데 이르러서 통하게 된다.

일체의 어두운 것이 없어지고 밝아져서, 마침내 본래면목의 참사람을 회복하는 것이다.

이제 이 네 가지 대표적인 화두 중에서 조주스님의 '뜰 앞의 잣나무'와 '무無 자 화두'를 조금 더 상세히 소개하고자 한다.

뜰 앞에 잣나무는 한 승려가 조주스님께 '조사가 서쪽에서 오신 뜻', 곧 '불법의 적실한 뜻이 무어냐'고 물은 것에 대해 답을 한 것으로, 그 승려는 이 말을 듣고 활연히 깨쳤다.

과연 '뜰 앞의 잣나무'라고 말씀하신 조주스님의 뜻은 어디에 있는 것인가? 조주스님의 뜻은 잣나무에 있는 것도 아니요, 잣나무를 떠난 것도 아니다.

그러므로 이 화두로써 수도하는 사람은 이런 말 저런 말을 듣거나, 이 생각 저 생각을 하면서 이리저리 맞추고 따져서 알려고 하지 말아야 한다.

이 화두가 관련된 조주스님의 또 다른 법문이 있다.

어떤 승려가 조주스님께 여쭈었다.
"어떤 것이 조사께서 서쪽에서 오신 뜻입니까?"

"뜰 앞의 잣나무니라."
그 승려가 말하였다.
"화상께서는 경계로써 사람들에게 보이지 마십시오."
"나는 경계로써 사람들에게 보이지 않노라."
승려가 다시 여쭈었다.
"어떤 것이 조사께서 서쪽에서 오신 뜻입니까?"
"뜰 앞의 잣나무니라."

또 어떤 승려가 조주스님께 여쭈었다.
"뜰 앞의 잣나무에도 불성佛性이 있습니까?"
"있다."
승려가 다시 여쭈었다.
"언제 부처가 되겠습니까?"
"허공이 땅에 떨어질 때!"
"허공이 언제 땅에 떨어집니까?"
"잣나무가 부처 될 때!"

♪

알아듣겠는가?

120년을 살면서 크게 중생을 교화한 조주스님은 무無자 화두에는 특별한 유래가 있다.

❁

중국 예주曳州에서 태어난 종심從諗과 달정達淨은 함께 발심하여 임야사林野寺에 가서 출가하였다.

'견성見性을 하여 많은 중생을 교화하겠다'고 발원을 한 두 사람은 태양산 서쪽 봉우리 아래에 초암草庵을 짓고 고락을 함께 나누면서 생명을 걸고 도를 닦았다.

그런데 달정은 도를 깨닫지 못한 채 죽었고, 그 뒤에 도를 깨달은 종심선사는 매우 안타까워했다.

'달정이 이 사람이 조금만 더 있었으면 내가 법法을 가르쳐서 깨치도록 하였을 것인데…'

도를 깨달은 종심선사는 조주의 동관음원東觀音院에 있으면서 달정 수좌가 이 세상에 다시 환생하여 돌아오기를 기다렸다. 과연 달정은 환생을 하였고, 출가하여 문원文遠이라는 법명을 받았다.

하루는 문원이 개를 안고 와서 조주종심趙州從諗 스님

께 여쭈었다.

"개에게도 불성佛性이 있습니까? 없습니까?"

"없다〔無〕."

이 말 아래 문원선사가 도를 깨달았다.

그 후에 다시 어떤 승려가 조주스님께 여쭈었다.

"개에게 불성이 있습니까? 없습니까?"

"있다〔有〕."

"이미 불성이 있으면 어찌 그런 가죽을 썼습니까?"

"다른 사람을 위해 알면서도 짐짓 범犯했노라."

또 어떤 승려가 여쭈었다.

"개에게도 불성이 있습니까? 없습니까?"

"없다."

"일체중생에게는 불성이 있는데, 개에게는 어찌하여 없습니까?"

"업식業識 때문이니라."

֍

이와 같은 대화가 있고 나서 천하의 수행자들은 조주

스님의 참뜻을 알기 위해 '조주는 무엇 때문에 개가 불성이 없다고 하였는고?' 하는 이것을 무자화두無字話頭로 삼았다.

　　趙州狗子無佛性　조주구자무불성
　　萬疊靑山藏古鏡　만첩청산장고경
　　조주스님이 개에게 불성이 없다고 하신 것은
　　만첩 청산에 감추어 놓은 옛 거울과 같도다

선문禪門의 1천7백 가지 화두 중에서 이 조주스님의 무자화두無字話頭를 최고로 여기고 있으며, 실제로 '구자무불성狗子無佛性(개에게 불성이 없다)'는 화두를 참구參究하여 도를 깨달은 이가 매우 많았다.

그리고 요즈음의 선방에서도, '일체중생에게 다 불성이 있다고 했는데 조주스님은 무엇 때문에 개는 불성이 없다고 했는가?' 하면서 의심을 하는 조주의 무자화두를 많이 들고 있다.

조주스님이 '무無(없다)'라고 한 까닭!

그것은 가르쳐서 답을 줄 수 있는 것이 아니다. 자꾸 생각하고 의심하면 앞뒤가 뚝 끊어지고 모든 생각들이 사라져서 '무'만이 오롯해지는데, 마침내 구경에 이르게 되면 어떤 경계를 보거나 어떤 소리를 들을 때 활연히 마음자리를 깨닫게 된다.

이 화두를 들고 지극히 고요한 데 들어가게 되면 맑아지고, 맑아지면 밝아지고, 밝아지면 도를 통하게 되는 것이니, 참사람을 회복할 때까지 화두를 들고 한바탕 열심히 씨름할지어다.

'이뭣고' 화두

이뭣고 화두의 근원

참선수행을 잘하려면 먼저 삶의 문제를 깊이 있게 한 번 생각해 보아야 한다.

삶이 무엇인가?
사는 목적이 무엇인가?
어떻게 살아야 잘 사는 것인가?
잘 입고 잘 먹고 높은 지위에 오르는 것이 잘 사는 것인가?

대부분의 사람들은 이에 대해 깊이 생각하지 않고 남

을 따라서 그냥 그냥 살아간다. 무엇 때문에 사는지? 사는 목적을 아는 사람이 별로 없다. '가족을 위해서 산다' 하고, '일을 합네' 하면서 바쁘게 지내지만, 죽으면 그만이지, 무슨 특별한 자취가 있는가?

참선 수행을 잘하려면 '무엇 때문에, 무엇을 위해서' 사는 것인지? 그 '사는 목적이 무엇인지'를 깊이 있게 생각해 보아야 한다.

그리하여 '삶의 참된 주인공, 내 인생의 참된 생명을 찾겠다'는 결심을 한 다음에 참선 수행을 시작해야 한다.

그럼 어떤 화두에 의지하여 참선 공부를 해야 하는가?

앞에서 든 대표적인 화두를 포함하여 무려 1천7백 가지가 되는 화두 중에서, 나는 이 몸 끌고 다니는 주인공을 밝히는 '이뭣고〔是甚麼〕' 화두와, 부모의 태중으로 들어가기 전의 본래 면목을 밝히는 '부모미생전본래면목父母未生前本來面目' 화두로 지도를 하는데, 특히 '이뭣고'를 많이 권장하고 있다.

'이뭣고(이 무엇고)' 화두는 육조 혜능대사에 의해 널리 전파되었는데, 다음의 두 인연담과 깊은 관계가 있다.

❀

 오조 홍인대사께서 혜능慧能에게 법을 전하자, 수백 명의 대중들은 혜능이 받은 가사와 바루[衣鉢]를 빼앗기 위해 그의 뒤를 쫓았다.
 그 가운데 4품品 장군 출신으로 성질과 행동이 거칠고 사나운 승려 혜명惠明이 가장 먼저 추적하여 혜능의 곁으로 왔다.
 '이 가사와 바루는 믿음의 표시이다. 어찌 힘으로 다툴 것인가?'
 혜능이 가사와 바루를 바위 위에 내려놓고 숲속으로 몸을 숨기자, 혜명이 달려와서 취하려고 하였다. 그러나 가사와 바루는 꿈쩍도 하지 않았다. 그러자 소리쳤다.
 "저는 법을 위해서 왔지, 의발 때문에 온 것이 아닙니다. 법을 설해 주십시오."
 "정녕 법을 위해 왔다면, 모든 인연을 다 쉬어 한 생각도 내지 마시오. 내 그대를 위해 설하리다."
 혜능이 바위 위로 나와서 이렇게 말하고, 한참을 묵묵

히 있다가 혜명에게 일러주었다.

"선도 생각하지 말고 악도 생각하지 말라. 바로 이러한 때에 어떤 것이 혜명상좌의 본래면목인고〔不思善不思惡 正於麼時 那箇是明上座 本來面目〕?"

이것이 깨달은 육조의 첫 법문이요, 선문의 유명한 '이뭣고〔是甚麼〕' 화두이다.
이 말씀〔話〕을 듣고 혜명은 대오大悟하였다.

두 번째는 남악南岳 회양懷讓 선사 이야기이다.
회양이 도를 구하기 위해 숭산으로 안국安國스님을 찾아가자, 안국스님은 육조 혜능대사를 찾아가라고 하였다. 도를 구하겠다는 마음 하나로 수십 일을 걸어서 혜능대사를 찾아갔더니 대뜸 물었다.
"무슨 물건이 이렇게 왔는고〔什麼物 恁麼來〕?"
이 질문에 회양은 숨이 꽉 막혔고, 어떤 답도 할 수가 없었다. 그리고 8년 동안 '무슨 물건인가'를 찾다가, 크게 깨닫고 혜능대사께 답하였다.

"설사 한 물건이라 하여도 맞지 않습니다〔設似一物卽不中〕."

"가히 닦아서 증득할 수 있는 것이냐?"

"닦아 증득함이 없지는 않으나, 때가 묻거나 물들지는 않습니다."

그러자 육조 혜능대사가 대오하였음을 인가하고, 회양선사를 맏제자로 삼았다.

§

'이뭣고〔是甚麽〕!' 이 화두는 나의 본래면목本來面目 곧 '이 몸 끌고 다니는 진짜 주인공'이 무엇인지를 찾는 화두이다.

우리는 매일매일 세끼 밥을 먹고 있다. 그런데 진짜 밥 먹는 놈이 무엇인지를 아는가?

하루 종일 움직이는데, 진짜 움직이는 놈이 무엇인지를 아는가?

하루 종일 많은 것을 보는데, 진짜 보는 놈이 무엇인지를 아는가?

하루 종일 소리를 듣는데, 진짜 듣는 놈이 무엇인지를 아는가?

한 번 물어보라.

묻고 또 물어보라.

'듣는 것이 무엇이고, 말하는 것이 무엇이냐?'

되묻고 되물어도 지금은 그저 '모르겠다'는 막막한 메아리뿐이다. 매일매일 이놈을 쓰면서도 모르니 점점 가슴이 답답해질 뿐이다.

상식으로야 입이 밥을 먹고 다리가 걷는다고 할 수도 있다. 그렇다면 죽은 송장도 다리가 있으니 걸을 수 있고, 눈이 있으니 볼 수 있을 것이 아닌가?

송장은 볼 수도 들을 수도 걸을 수도 없다. 무엇인가 분명히 보고 듣고 걷게 하는 놈이 있는데, 그것이 무엇인가를 알아야 할 것이 아니겠는가 말이다.

무엇이 밥 먹고 대소변 보는가?

그러니 오로지 지극한 의심으로, '이뭣고' 화두를 들고 진짜 주인공을 찾아야 한다. 지극한 마음으로 의문을 던져보아라.

"보고 듣고 깨닫고 아는 주인공, 밥 먹고 옷 입고 대소변 보고 산송장 길 위에 끌고 다니는 주인공이 뭣고?"
"이 몸 끌고 다니는 주인공이 뭣고?"
"이뭣고?"
"뭣고?"
"?"

과연 무엇이 옷 입고 밥 먹고 대소변 보고 이 몸을 움직이게 하는가?

송나라 때의 대선사인 대혜大慧 스님의 제자로 도겸道謙이라는 승려가 있었다. 그는 20년 동안이나 참선을 하였는데, 공부가 도통 시원치 않았다. 얻은 바도 크게 없었고, 도가 무엇인지 도무지 캄캄할 뿐이었다. 그래도 열심히 선지식(스승)들을 찾아다녔다.

어느 날 도반과 함께 선지식을 친견하러 가다가 문득 회의에 빠져들었다.

'20년 동안, 신발 수백 자루가 닳아 없어지도록 선지식을 찾아다니면서 수행을 하였는데, 얻은 것이라고는 아무것도 없다. 작년에도 그렇고 금년에도 그렇고 어제도 그렇고 오늘도 그러한데, 내일이나 내년이라 하여 별수가 있겠나? 먼 길을 찾아서 간들 무슨 소용이 있으랴. 또 그렇고 그렇겠지.'

자포자기한 도겸은 '더 이상 가지 않겠다'고 작정을 하였는데, 막상 마음을 정하고 나니 따분하고 서럽고 비참한 생각이 들어서 왈칵 눈물이 쏟아졌다.

"왜 우노?"

함께 길을 가던 도반인 종원宗元이 묻자, 도겸은 크게 낙심하여 입을 열었다.

"나는 안 갈란다. 여태껏 내가 공부를 하겠다고 20년 동안이나 이 산 저 산을 다니면서 많은 선지식들을 친견하였는데, 전혀 소득이 없었고 깨달음도 얻지 못하였다. 이번에 가봐야 다를 것이 무엇이겠느냐? 이제 그만 찾아다닐란다."

"네가 떠나자고 해놓고 지금 와서 안 간다고 하다니? 진짜 안 갈 것이냐?"

"그래."

"정말 그렇다면 내 말을 잘 들어라. 이제부터는 선지식을 찾겠다는 생각도 하지 말고, 네가 알고 있는 이론을 바탕으로 삼아서 어떤 궁리를 해서도 안된다. 오직 너에게 있는 다섯 가지만 알아보아라. 그것만 알면 된다."

"나에게 있는 다섯 가지? 그게 무엇인데?"

"옷 입는 것, 밥 먹는 것, 대변보고 소변보는 것, 그리고 산송장을 실어서 길 위를 다니게 하는 것! 이렇게 다섯 가지다. 이것이 뭔지를 알면 된다."

도반인 종원스님의 이 말이 떨어지기가 무섭게 도겸스님은 이 다섯 가지를 하는 진짜 주인공이 무엇인지에 몰두하였고, 마침내 삼매에 들어 사흘 만에 활연히 깨달아 대도인이 되었다.

۶

다시 한번 살펴보라.

여러분은 매일매일 옷을 입으면서도 옷 입는 놈을 모른다. 무엇이 들어서 능히 옷을 입고, 또 무엇이 들어서 능히 밥을 먹는가?

음식은 입이 먹는 것이 아니다. 음식을 씹어 삼키는 한 물건이 있는데 이것을 모른다. 또 무엇이 대소변을 보는지, 산송장을 길 위로 다니게 하는 이것이 무엇인지를 모른다.

이뭣고?

이 다섯 가지가 무엇인고?

이것만 알면 모든 것이 해결된다.

진중히, 그리고 꾸준히 살펴보기 바란다.

남에게 줄 수 없는 것은?

부처님께서 아난존자에게 이르셨다.

    諸可還者 自然非汝   제가환자 자연비여
    不汝還者 非汝而誰   불여환자 비여이수
    남에게 줄 수 있다면 그것은 진짜 네가 아니다
    남에게 주지 못하는 것이 진짜 네가 아니고 무엇이랴

남에게 줄 수 없는 것.
나의 집이나 옷이나 패물 등은 남에게 줄 수가 있다. 나아가 머리·손·발·오장육부 등의 육체도 다 남에게 줄 수가 있다.
그런데 남에게 줄 수 없는 것이 하나 있다. 이것이 진짜 너가 아니고 무엇이겠느냐?

부처님께서 아난존자의 귀를 뚫어서 가르쳐준 진리적인 말씀이다.

우리가 애지중지하고 있는 이 몸을 살펴보라. 이론적으로 과학적으로 생리적으로 아무리 따져봐야 부모님의 물건이지 나의 물건이 아니다.

참으로 나(眞我)라고 할 수 있는 것은, 이 몸을 운전하고 다니는 소소영영昭昭靈靈한(또렷이 밝고 지극히 신령한) 그 자리, 곧 나의 몸을 운전하고 다니는 운전수가 나의 주인공인 것이다.

남의 집에 하룻밤을 자도 주인을 안 찾아보면 '무례한 사람'이라고 하는데, 우리는 몇십 년을 끌고 다니는 자기 주인공을 찾아보지 않음은 물론이요, 찾을 생각도 하지 않고 있다.

이 자리를 찾아야 한다. 이 자리가 진짜 자기이다. 이 몸을 끌고 다니는 소소영영昭昭靈靈한 이 자리가 곧 모든 사람의 자기인 것이다. 이 자리를 발견하는 것이 본래의 자기를 찾는 일이다.

육조스님께서는 이르셨다.

"한 물건이 사람 사람에게 있는데, 이름도 없고 모양도 없다. 위로는 하늘을 버티고 아래로는 땅을 버티며, 크기로는 천지보다 더 크고, 밝기로는 백천 개의 해와 달보다 더 밝다. 이러한 물건이 우리가 항상 움직이고 사용하는 일상생활 가운데 있으되, 거두어서 얻을 수는 없다. 이것이 무엇인고?"

이것! 이것을 모르면 모두가 쓸데없는 일인지라, 석가여래께서는 왕위를 헌신짝처럼 버리고 설산으로 들어가서 이 자리 하나 깨달으셨다.

그리고 이 자리 하나 깨달으면, 나서는 늙고 늙어서는 병들고 병들어서는 죽는 생로병사에 자유자재할 수 있으니, 이것을 생사해탈生死解脫이라고 한다.

이 몸을 끌고 다니는 소소영영한 이것은 과연 불생불멸不生不滅인가? 없어지는 것인가? 없어지지 않는 것인가?

최소한 우리는 송장 끌고 다니는 주인공이 무엇인지를 알아야 한다.

'송장 끌고 다니는 이놈이 누고〔打尸者誰타시자수〕?'

선문禪門의 1,700가지 화두話頭 가운데 하나인 이 물음은, 사람마다 가지고 있는 '이 몸을 끌고 다니는 놈이 무엇인지'를 깨달으라는 것이다.

이것이 우리 몸에 있을 때는 사람이지만, 숨만 떨어지면 송장이다. 그러니 송장을 끌고 다니는 놈을 알라는 것이다.

"이 몸을 끌고 다니는 것이 무엇이냐?"
내가 사람들에게 이렇게 물으면 별별 대답을 다 한다.
"마음이다."
"뇌이다."
"우주의 성리性理다."
"부처자리다."
"한 물건이다."
그러나 이러한 답은 상식적으로 하는 말일 뿐이다.
어디에 마음이라고 써 붙여 놓았느냐?
주인공이 부처자리라고 말을 하더냐?

이 몸을 끌고 다니는 소소영영한 이것이야말로 사람사람마다 진짜 자기의 것이다. 그런데도 이것을 모르고 있다.

❀

부처님 당시에 칠현녀七賢女가 있었다. 그 일곱 현녀가 꽃구경하러 시다림尸茶林(화장터)을 거쳐서 가다가, 한 현녀가 숲속에 송장이 있는 것을 보았다. 그녀는 송장을 가리키면서 다른 현녀들에게 물었다.

"이 시체는 여기 있는데, 사람은 어느 곳으로 향하여 갔을까?"

이 말을 들은 다른 현녀가 물었다.

"무어라고? 그게 무슨 말이지?"

그리고는 현녀들 각각이 이를 자세하게 관하여서, 칠현녀 모두가 도를 깨달았다.

❦

우리들 모두는 자기 몸을 끌고 다니는 것이 무엇인지를 모르고, 또 그것이 어디서 왔으며 어디로 가는지를 모르고 있다.

이 송장의 주인공은 과연 어디로 갔을까?

화장터 숲속에서 송장을 본 칠현녀는 송장의 주인공을 관하여 도를 깨친 것이다.

❀

당나라 말기에 정승이 된 배휴裵休는 즐겨 절을 찾았다. 어느 날 한 절을 찾아갔는데, 그 절의 영각影閣에 모셔진 조사祖師의 영정들을 보다가 안내하는 스님에게 물었다.

"앞서간 스님들의 영정은 저기 걸려 있는데, 그 스님들은 지금 어디에 있습니까?"

이 질문에 대해 그 절 수백 명의 대중 어느 누구도 답을 하지 못하였다. 그래서 배휴가 물었다.

"이 절에 공부하는 스님이 없습니까?"

"마침 황벽黃檗 선사라는 분이 절 부근의 토굴에 묵고 있는데, 그분이 참선 공부를 하는 분 같습니다."

"그분을 뵙고 싶습니다."

대중이 황벽스님을 모셔 오자 배휴가 여쭈었다.

"앞서간 스님들의 영정은 저기 있는데, 그 스님들은 지금 어디에 있습니까?"

 황벽스님이 벽력같은 소리로 불렀다.
"배휴!"
"예."
"어디에 있느냐?"
 그 말에 배휴는 활연히 도를 알았다.
 그 후에 배휴는 불교를 많이 외호하고, 황벽스님을 도와서 선서를 많이 편찬하였다.

༃

 굳이 송장 끌고 다니는 주인공이 어디로 갔는지를 따질 것도 없다.
 묻고 답할 줄 아는 나의 주인공!
 과연 그것이 무엇인가?
 진중히 몰두하여 깨달음을 이룰지어다!

화두, 이렇게 들어라

화두 공부할 때 주의할 점

 '이뭣고'는 진짜 주인공을 곧바로 찾아 들어가는 화두이다. 그런데 이 화두를 들면서 자꾸 요리조리 머리를 굴려서 따져보고, 생각으로 헤아리거나 관법觀法으로 보고자 하는 이들이 있다. 하지만 그렇게 따지고 헤아려서는 아니 된다.
 또 의심을 품거나 불러일으키지 않고 '이뭣고, 이뭣고, 이뭣고' 하며 입으로만 열심히 외우는 이들도 있는데, 화두를 염불처럼 외우는 것은 바람직하지 않다.

 그리고 밥 먹을 때는 '밥 먹는 이것이 무엇인고?', 옷 입을 때는 '옷 입는 이것이 무엇인고?', 청소할 때는 '청소하는 이것이 무엇인고?', 걸을 때는 '걷는 이놈이 무엇인고?' 하면서, 행위에 대입시켜서 '이뭣고' 화두를 드는 사람이 있는데, 이렇게 해서도 아니 된다.

밥 먹고 옷 입고 앉고 서고 산송장 길 위에 끌고 다니는 이것 모두가 오로지 '이뭣고'라는 의문 속에 함께 들리게끔 하여야지, 행동 따라 이것저것으로 나누고 요리조리 따지면서 '이뭣고'를 하는 것은 절대 금물이다.

또 몇 가지 주의할 점이 있다.

'이뭣고' 화두만이 아니라 모든 화두를 들 때는, 무엇보다 먼저 번뇌망상의 냄새 나는 마음을 쉬고 비울 줄 알아야 한다.

가령 병 속에 썩은 물이 있다고 하자. 그 썩은 물을 비우지 않는다면 어떻게 청정한 물을 병 속에 넣을 수 있겠는가?

자연, 우리의 마음이 번뇌망상으로 가득 차 있다면 제대로 화두를 들기가 어렵다. 그러므로 어떠한 망상이 일어날지라도 이 망상과는 벗하지 말아야 한다.

수도하는 사람의 마음은 눈〔眼〕 속과 같이 맑아야 한다. 매일 먹는 밥이나 그 좋다는 금·은 등의 보배 가루를 조금만 눈에 넣으면 어떻게 되는가?

눈병이 생긴다. 달콤하기 그지없는 꿀도 눈에 넣으면 따가워서 견딜 수가 없다. 이 세상의 어떤 귀한 물건이라도 눈 안에는 들이면 안 된다.

이렇게 번뇌망상이 없는 순수하고 깨끗한 마음으로 도를 닦아야 성공을 할 수가 있다.

그리고 참선을 할 때는 '어서 공부를 성취해야지', '화두를 빨리 깨쳐야지' 하여서는 아니 된다. 성급한 생각으로 공부를 하다 보면 돌이킬 수 없는 병을 얻는 경우가 있다. 곧 우리의 몸 가운데의 더운 불기운이 모두 머리로 올라가게 되는 것이다.

걱정을 하든지 공부를 급히 성취하겠다고 조급증을 내게 되면 불기운이 가슴으로 올라가고, 그 기운이 다시 머리로 올라가면 더 이상 공부를 할 수가 없다.

화두를 생각하기만 하면 머리가 아프니 어떻게 공부를 할 수 있겠는가?

이것이 참선할 때 특히 주의해야 하는 상기병上氣病이다.

그러므로 화두에만 몰두할 뿐, 절대로 성취에 대한 조급증을 일으키면 안 된다.

또 더러는 참선을 하여 신통력神通力을 얻고자 하는 사람도 있고, 성현을 친견하겠다는 망상을 피우는 이들도 있다.

이런 사람에게는 마구니들이 쉽게 접근한다. 때로는 마구니가 불보살의 모습을 나타내어 법문을 일러주기도 하고, 시키는 대로 할 것을 요구하기도 한다.

공부를 해나가다 보면 마음자리가 점점 맑아져서 환하게 밝은 기운이 돌게 되는데, 환한 광명이 나타나더라도 으레, '참선 공부를 하다 보면 광명이 나타나기 마련이라고 하더라' 하면서 무시해 버리고, 계속 '이뭣고' 등의 화두를 참구하여야 한다.

이전에 없던 것이 나타났다고 하여 환한 그것만 들여다보고 있으면, 참선은 다 틀린 것이다.

설혹 석가여래께서 나타나더라도 이 참선 공부와는 아무런 관계가 없는 것임을 알아야 하고, 어떤 불보살이 나타나더라도 한 방망이 먹일 용기가 있어야 할 텐데, 환한 경계가 나타났다고 하여 삿된 생각으로 절을 하거나 하면, 광기에 휩쓸려서 그릇된 길로 나아가게 되는 것이다.

옛 조사스님들이 '선지식을 찾아가서 지도를 받아 가며 참선을 해야 함'을 누누이 강조하는 까닭도 이러한 폐단들을 넘어서게 하기 위함이었다.

선지식은 길잡이이다. 산에 올라가는 길은 같이 올라가는 이에게 물어서는 안 된다. 산꼭대기에 올라갔다가 내려오는 이에게 물어야 한다.

같이 올라가는 처지에 그곳의 길이 어딘지, 험한지 순탄한지, 물이 어디에 있는지를 어떻게 알 수 있겠는가? 그래서 꼭대기에 올라가 본 선지식을 의지해서 공부를 해야 한다는 것이다.

닭이 알을 품듯이

그럼 화두는 어떻게 들어야 하는가? 화두를 참구하는 데 아주 절실한 비유가 있다. 예전 조사스님들은 이렇게 말씀하셨다.

"이 공부는 화염 속에서 뛰쳐나오듯이 해야 하고,
머리에 붙은 불을 끄듯이 해야 하고,
천 길 우물 속에 떨어진 사람의 마음과 같이 해야 하고,
고양이가 쥐를 잡듯이 해야 하고,
어미 닭이 알을 품어 병아리를 까는 것과 같이 해야 한다."

'불 속에서 뛰어나오는 사람'과 '머리에 붙은 불을 끄는 사람'은 무슨 딴생각을 할 겨를이 없고 옆으로 돌아볼 여가가 없다. 빨리 불을 꺼서 목숨을 구할 생각밖에

없으니, 이렇게 화두를 들어야 한다.

'천 길 되는 우물 속에 떨어진 사람'은 오욕락五欲樂이나 부모 형제를 생각할 겨를이 없다. 다만 '어떻게 하여야 샘 밖으로 나가 살아날 수 있나' 하는 생각뿐이다. 아침부터 저녁까지, 또 저녁부터 아침까지 수많은 생각이 모두 합쳐져서 오직 '이 샘에서 나갈 생각'만 하는 것이다.

'고양이가 쥐 잡듯이 하라'는 것은 무슨 뜻인가?
 고양이는 가만히 앉아서 쥐가 어디서 오는지를 눈도 깜짝하지 않고 살피고 있다. 딴생각이 들면 쥐를 못 잡기 때문에 아무런 잡념 없이 쥐가 오고 가는 것만을 보고 있다.
 이 말은 화두만 들고 있어야지, 딴생각이 거기에 들어오지 못하도록 하라는 것이다. 그렇게 있다가 쥐가 사정권 안에서 얼씬거리면 날쌔게 낚아챈다.
 고양이는 미물이지만 죽어서 사람으로 태어나면 재주가 비상하다고 한다. 왜 그런가? 쥐를 잡느라 집중하여 분별식심分別識心이 가라앉았기 때문에, 사람으로 태어나면 재주가 있다는 것이다.

이 참선 공부를 하면 정신이 모든 것을 초월하게 되는데, 고양이 등의 짐승들이 식심을 맑히는 것과 어찌 비교할 수 없겠는가!

'어미 닭이 알을 품어 병아리 까듯이 하라'는 말은 특히 화두를 드는 요긴한 방법이다. 옛 조사스님은 이 말에 대해 해설을 남기지 않았는데, 이를 자세히 생각해 보니 참으로 절묘한 뜻이 담겨 있었다.

닭은 성질이 조용하지 못하다. 계속해서 입으로는 흙을 쪼고, 발로는 땅을 긁는다.

그러나 암탉에게 알을 안겨 놓으면 고요하기 그지없다. 아무 생각 없이 앉아 눈만 끔벅끔벅하며 달걀을 품고, 몸의 더운 기운을 끊임없이 알에 전할 뿐이다.

그렇게 성질이 급하던 닭이건만, '병아리를 속히 까야겠다', '어찌 빨리 안 나오는가?'는 등의 생각도 걱정도 하지 않는다.

다만 더운 기운을 21일 동안 지속시키다가, 완전히 병아리가 되었음을 느끼는 순간에 달걀 껍데기를 딱 쪼면, 병아리가 '삐약' 하며 나오는 것이다.

  화두를 참구하는 이들도 어미 닭이 달걀에 더운 기운을 전하듯이 꾸준히 이 화두를 들고 나아갈 뿐, 거기다가 해석을 붙이거나 따져서는 안 된다.
  경을 많이 보았거나 학문을 많이 닦은 사람에게 화두를 일러주면 참구는 하지 않고 요리조리 따지려 드는데, 이렇게 하면 점점 멀어질 뿐이다.
  이 화두의 답을 말과 글에서 찾으려고 하는 것은 수은을 풀밭에 흩어놓고 다시 주우려는 것과 마찬가지일 뿐이다.
  닭이 알을 품고 더운 기운만 계속 유지하여 주면 병아리가 깨어나듯이, 화두에 대해 의심을 일으켜서 계속 끌고 나아가면 마침내 깨어날 수 있는데도, 이리저리 맞추고 분별하기 때문에 점점 더 멀어진다.

물 흐르듯이 화두를 들어라

참선을 하는 까닭은 생사生死를 해탈하고자 함이다. 그런데 사람이 태어났다가 죽는 것만이 생사가 아니다. 한 생각 일어났다가 없어지는 것도 생사요 생멸生滅이다. 곧 한 생각 속에 생멸이 있는 것이다.

처음 공부를 할 때는 한 생각이 일어났다가 한 생각이 멸하지만, 오래오래 하다 보면 그런 생멸심이 뚝 끊어진다. 전념후념前念後念, 곧 앞생각 뒷생각이 뚝 끊어지는 것이다.

앞생각이 뒷생각을 끌어들이고 뒷생각이 앞생각을 끌어들여서, 서로 밀고 당기며 끊임없이 일어나던 앞뒤 생각이 뚝 끊어진다.

그때가 되면 비로소 '고요할 적寂'이라 한다. 이 이름도 꼭 맞는 말은 아니지만…. 적적寂寂한 삼매에 들어가는 것이다.

생사를 초월하는 이 화두 공부는 밥 먹을 때에나, 가나 오나 앉으나 누우나 한결같이 쉬지 않고 물 흐르듯이 해야 되는데, 요즘 수행하는 이들을 보면 그저 앉아서 졸다가 선방을 나와서는 이야기하기에 바쁘다. 그렇게 방심을 하다가는 적적한 삼매에 절대로 들어가지 못한다.

그래서 나는 화두 공부를 하겠다며 찾아오는 구도자가 있으면 여러 가지 방편으로 힘을 불어넣어 준다.

"바보가 되거라. 사람 노릇 하자면 일이 많다. 바보가 되는 데서 참사람이 나온다."

"이 공부는 철저하게 생명을 걸고 하지 않으면 안 된다. 아무쪼록 한 생生 나오지 않은 요량 하고 마음을 비워 열심히 공부해야 한다. 나무칼로 목을 베듯 하지 말고 단박에 결판지을 일이다."

"쇠가 아무리 굳어도 열이 3천 도가 되면 녹는다. 죽기를 각오하고 주인공에게 맹세를 하면서 공부를 해도 될 듯 말 듯한데, 조금만 고통스러워도 못 견뎌 하니 어림도 없는 노릇이다. 졸음이 오면 허벅지를 꽉 꼬집어 비틀어서 잠을 쫓아버리고 용맹을 떨치며 공부해야 한다."

"망상이 일어나거든, '네 이놈, 네 놈 말만 듣고 다니다가 내 신세가 요 모양 요 꼴이 되었으니 이제는 내 말 좀 들어봐라. 죽나 사나 한번 해 보자' 하고 용맹심을 내어야 한다."

"졸음과 망상과 무명無明의 불이 나를 감쌀지라도 절대로 두려워하지 말아라. 무명의 불이 비록 흉악하고 가치 없는 불이지만, 그 불이 작용하여 더욱 뛰어난 대장부를 단련해 낸다.

밤잠을 자지 않고 정진을 하다 보면 머리가 아프고 가슴이 답답하고 등줄기와 허리, 삼백육십 골절의 마디 마디가 쑤시고 아프지만, 아픈 거기에서 출격대장부出格大丈夫가 나오는 것이다."

또 어느 때는 피골이 상접하여 뱃가죽이 등에 달라붙었고, 새가 머리 위에 집을 지은 것도 모른 채 명상에 잠겨 있는 석가모니의 설산고행상雪山苦行相 사진을 보여 주면서, "이것을 보아라. 이분은 이렇게 공부하여 부처가 되셨다"고 하면서 용기를 북돋우어 준다.

참선을 하든 염불을 하든 경전을 보든, 불교 공부는 오로지 자기의 신심과 정성을 들인 만큼 진취가 있기 마련이다.

화두를 계속 들어서 가나오나 앉으나 서나 일여一如해지고, 꿈 가운데나 깨어 있을 때나 일여해지면, 홀연히 어떤 경계를 보든지 어떤 소리를 듣게 될 때 불꽃같이 일어나던 그 의심 덩어리가 확 녹아진다.

불꽃같이 일어나던 의심 덩어리가 확 녹아지고는 참된 주인공인 '본래면목本來面目'을 분명히 알게 되는 것이다.

호흡만 떨어지면 죽게 되고, 죽으면 곧 내생來生이다. 우리가 사는 것이 전부 남의 다리 긁는 것과 같은 것이니, 나를 내 뜻대로 하려면 나의 진짜 주인공을 찾아야 하고, 나의 진짜 주인공을 찾으려면 화두를 통하여 정신을 통일해야 한다.

우리들의 생활은 무척이나 바쁘고 고되다. 하지만 아무리 바쁘더라도 주인공을 찾아보겠다는 생각만 있으면 화두 일념으로 정신통일을 하는 것이 그렇게 어려운 것만은 아니다.
하루 한 시간 또는 30분이라도 좋으니, 조금씩 매일 '이뭣고' 등의 화두를 들어 보라. 자신도 모르게 강한 집중력이 생겨나게 된다.

정신이 집중되면 비록 견성성불見性成佛은 못하더라도, 관찰력과 판단력이 빨라지고 기억력이 좋아지고, 하찮은 생각이 바른 생각으로 돌아서고, 몸에 병이 없어지고, 맑은 지혜가 나서, 사농공상士農工商의 경영하는 일들도 다 잘 되게끔 되어 있다.

화두 참선법은 곧바로 나의 참된 주인공, 나의 본래면목을 찾아 들어가는 공부이다. 이 공부야말로 나의 진짜 공부이니, 요긴히 마음을 다잡아 애써 공부를 짓기를 간곡히 청하는 바이다.

간절하면 통한다

속지 말아라

화두話頭는 후대 사람으로 하여금 의심나도록 일부러 만든 것이 아니다. 옛 조사께서 법法을 찾는 이들에게 당신의 경지에서 법을 그대로 말한(話) 것이다. 자연히 보통 사람들은 그 뜻을 알 수가 없다.

그러나 그 말씀하신 뜻을 궁구하여 그 뜻을 알게 되면 조사와 같은 경지에 이를 수 있게 된다. 그래서 그 화두를 들라고 한 것이다.

선각자가 화두로써 후학들을 지도할 때는 그 사람의 근기根機를 보아서 모든 것을 세밀히 가르쳐 주어야 한다. 그래야 몸에 병도 나지 않고, 세월도 헛되이 보내지 않고, 고생을 안 하게 된다.

만약 수행하는 이가 상근기上根機면 눈을 마주쳐서 보기만 하여도 도를 알게 되고, 말을 하기 전에 벌써 깨닫게 되고, 일언지하一言之下에 생사生死를 돈망頓忘(단박에 넘어섬)하기도 한다.

❁

당나라 말기에 귀종조사歸宗祖師께 한 승려가 찾아와서 여쭈었다.

"어떤 것이 부처입니까?"

"네가 부처니라."

그 승려는 곧 깨달았다. 그리고 여쭈었다.

"어떻게 보임保任(온전하게 간직함)하오리까?"

"조그마한 티끌이라도 눈 안에 있으면 허공 꽃이 어지러이 떨어진다[一翳在眼空花亂墜]."

그 승려는 이 간단한 말끝에 도와 함께 보임하는 법까지를 모두 다 알았다.

그런데 이와 같은 상근기는 참 드물다.

오히려 참선 수행을 열심히 하다 보면 뜻밖의 현상들이 나타난다. 사물과 내가 둘이 없고〔物我不二〕, 마음과 부처와 중생이 따로 없고, 맑고 더러움이 둘이 없는 공空한 현상들이 나타난다.

그러한 때를 당하여 '옳다. 내가 깨달았다' 하고는 법당의 불상을 치우는가 하면, '정토淨土와 예토穢土가 본래 없다'고 하면서 법당 앞마당에서 대·소변을 보고, 상하노소 없이 주먹으로 때리기도 하고, 법을 물으면 주먹을 불쑥 내밀기도 하고, 전등록傳燈錄과 염송拈頌에 있는 말을 함부로 인용하여 내뱉기도 한다.

하지만 이 모두가 자기에게 큰 손해인 줄을 깨달아야 한다.

또 수행을 하여 식심識心이 맑아지면 방 안에서 해와 달과 별을 보고, 몇백 리 밖의 말소리를 듣고, 여러 가지 모습들을 보기도 한다.

바로 그때 '내가 도를 알았다' 하면서 환희심에 젖어, 매일 그 경계가 나타나기를 기다리기도 하고 그것만 보고 들으면서 앉아 있다.

그뿐만이 아니다. 사심邪心과 망정妄情이 생겨서, '술 먹고 고기 먹는 것이 지혜에 방해되지 않는다'고 하면서 함부로 행동하는 이도 간혹 있다.

지도하는 선지식이 없으면 이러한 병폐들 속에 빠지기가 쉬운데, 선지식이 있는 경우에도 아만과 고집에 빠져서 말씀을 잘 들으려고 하지 않는다.

중국 송나라 때의 고승 원오 극근園悟克勤(1063~1135) 선사는 우리가 널리 알고 있는 『서장書狀』의 저자인 대혜大慧 선사의 스승으로, 하루에 천 개의 단어를 외울 만큼 머리가 비상한 분이었다.

어느 날 묘적사에 놀러 갔다가 불경을 읽고 발심하여 자성스님을 은사로 삼아 출가하였다. 그 뒤 스스로 참선 정진하여 부처와 중생이 둘이 없고 맑음과 더러움이 둘이 없는 듯한 공空의 이치를 체득하게 되었지만, 완전히 도를 깨달은 것은 아니었다.

그런데도 극근선사는 천하의 선지식을 찾아다니면서 선문답禪問答을 펼쳤다. 한데 그 어떤 선지식도 그의 마음에 드는 답을 하는 이가 없었다.

"이름 듣기보다는 별것도 아니군."

"천하의 선지식이 모두 내 손안에 있다."

극근선사는 대선지식들을 거침없이 비방하면서 스스로의 교만을 더욱 키워갔다.

하루는 당대 최고의 선사로 추앙받던 오조 법연五祖法演(1024~1104) 스님을 찾아가서 선문답을 하였는데, 마음에 흡족하지 못하자 '도인이 아니다' 하면서 자리를 박차고 일어섰다.

바로 그때 법연스님이 일러주었다.

"자네의 지견知見으로는 천하의 선지식 모두가 자네 손안에 있는 것처럼 보이겠지만 결코 그렇지가 않네. 지금은 내 말을 믿지 않겠지. 나중에 열반당涅槃堂(병든 승려가 거처하는 곳)에 들어가서 등불이 가물가물하게 보일 때가 있을 것이니, 그때 너의 공부를 다시 점검하여 보아라."

그러나 그 말씀조차 무심결에 흘려버리고, 스스로가 이룬 조그마한 깨달음에 취해서 천하의 선지식을 비웃고 다녔다.

과연 몇 년 뒤 극근선사는 큰 병을 앓게 되어 열반당에 들어갔다. 얼마나 심하게 아팠던지, 어두운 방에 켜놓은 등불이 개똥벌레 불처럼 작아 보였고, 그 빛도 그저 가물가물하게 보이는 것이었다.

그 순간, 법연스님의 말씀이 불현듯 떠오른 극근선사는 자신의 공부를 점검하기 시작했다. 그런데 이전에 '알았다' 하고 '이루었다'고 했던 것이 십만 팔천 리 밖으로 달아났는지 자취조차 찾아볼 수가 없었다. 오직 극심한 고통과 죽음의 공포만이 가득할 뿐이었다.

극근선사는 과거의 잘못을 마음으로 깊이 뉘우치고, 눈물을 흘리며 법연스님의 자비에 감사를 드렸다. 그리고 병이 낫자 법연스님을 찾아가서 참회를 올리고, 스스로 시자侍者가 되기를 자청하여 10년 동안 법연선사 밑에서 수행하였다. 처음부터 다시 시작한 것이다.

이렇게 밤낮없이 화두를 참구하고 스승을 시봉하며 지내던 어느 날, 한 객스님이 법연스님과 문답을 하는 것을 들었다.

"어떤 것이 조사祖師가 서쪽에서 오신 뜻입니까?"

"뜰 앞의 잣나무니라."

이 대화를 듣는 순간 극근선사는 활연히 도를 깨쳤다. 자기의 본래면목本來面目을 되찾은 것이다.

이 극근선사의 예처럼, 수행을 하다가 특별한 경계가 나타나고 크게 환희심이 일어나는 때가 되면 더욱 주의를 기울여야 한다.

그래서 옛 스님들은 헛된 경계를 벗어나기 위해 스스로를 경책하였다.

중국 송나라 초기의 서암 사언瑞巖 師彦(850~910) 스님은 날마다 판도방瓣道房(선방) 앞 마루에 걸터앉아 먼 산을 바라보면서 자문하고 자답을 했다.

"주인공아!"

"예."

"정신 차려라〔惺惺着〕."

"예."

"뒷날에도 남에게 속지 말아라."

"예."

8

공부하는 이들은 이를 잘 새겨서, 속지 말고 끝까지 공부를 잘하여야 한다.

간절히 공부하라

모름지기 화두 참선 공부는 간절하게 해야 한다.
간절히 원래 하고 있던 화두를 흔들림 없이 들고 정진을 계속하면, 수행 과정에 나타나는 마장魔障이 저절로 떨어져 나가면서 더욱 높은 경지로 나아가게 된다.
실로 참선을 하여 도를 깨닫는 것은 꾸준히 간절하게 한 결과일 뿐, 특별한 비결이 따로 있지 않다. 곧, 온 마음 온몸으로 전심전력을 다하면 도는 저절로 이루어진다.

옛날, 두 스님이 함께 정진하면서 약속을 했다.
"먼저 도를 깨닫는 이가 못 깨달은 사람을 제도해 주자."

두 스님은 서로 경쟁을 하면서 열심히 도를 닦았는데, 한 스님이 조실祖室 스님을 찾아가면, 다른 스님은 몰래 뒤따라가서 무슨 이야기를 하는지 엿듣기까지 하였다. 그야말로 선의의 경쟁을 한 것이다.

그러던 어느 날, 한 스님이 조실 방으로 들어가서 문답을 하는데, 마지막의 한마디가 떨어지기 무섭게 조실스님이 무릎을 탁 치면서 인가를 하는 것이었다.

"네가 도를 깨쳤구나."

며칠 뒤 조실스님은 대중들을 모아 이 산중에 새로운 도인이 탄생했음을 선언하고, 그를 새 조실로 추대하였다. 그때 도를 깨닫지 못한 스님은 도를 깨달아 조실이 된 스님에게 간청을 했다.

"자네가 조실스님과 나누는 대화를 모두 엿들었는데, 마지막 요긴한 한마디를 놓치고 말았네. 그 한마디를 가르쳐주게. 나도 도를 이룰 수 있도록…."

"그래야지. 앞으로 내 시봉侍奉 노릇을 3년만 하게. 그때 자네가 놓친 대화를 일러주겠네."

'시봉! 그것도 3년씩이나?'

싫지만 '도'를 위해서 수락을 했다. 겉으로는 친구인 조실스님을 정성껏 모셨지만 속으로는 감정이 부글부글 끓었고, 마음고생으로 바싹바싹 말라갔다.

"마지막 그 한마디를 제발 가르쳐주시오."

"3년 시봉이 끝나면 가르쳐주지. 그전에는 안 돼."

가끔씩 질문을 하여도 답을 주지 않았고, 약속한 3년이 거의 다 되었을 때 시봉하는 스님의 몸은 죽을 지경에까지 이르렀다.

마침내 그는 결심을 했다.

'그 한마디가 도대체 무엇이건대? 저 나쁜 놈! 안 가르쳐 주면 조실이고 도반이고 확 죽여버릴 거다.'

시봉은 시퍼렇게 칼을 갈았다. 그리고 조실을 눕혀 놓고 배 위에 올라탔다.

"나의 목숨도 이제 며칠이 남지 않았다. 제발 죽기 전에 마지막 그 한마디를 가르쳐다오."

"3년이 덜 찼으니 안 된다."

"마지막 소원이다. 제발 가르쳐다오."

아무리 간청을 해도 냉랭한 조실이 꿈쩍도 하지 않자

화가 머리끝까지 치밀었다.

"에잇, 이 나쁜 놈! 너 죽고 나 죽자."

시봉이 칼을 치켜들자 조실은 싱긋이 웃으며 말했다.

"그 말이 그렇게도 듣고 싶나?"
"그래, 꼭 들어야겠다."
"칼을 놓고 내 배에서 내려앉아라. 가르쳐 주마."

시봉이 칼을 놓고 내려앉자 일러준 말인즉!

"설혹 내가 이 도리를 너에게 일러주어도 너는 쓸 곳이 없느니라."

정말 아무것도 아닌 그 말을 듣는 순간, 시봉스님은 홀연히 대오大悟하였다.

8

여러분도 공부를 할 때, 행주좌와行住坐臥 자나 깨나 가나오나 이 시봉스님처럼 꾸준히 의문을 품고 해 나아가면 마침내 끝에 이르러서 반드시 깨닫게 된다.

종기가 나서 곪을 때 보통은 침을 가지고 다스리지만, 종기가 함빡 익으면 옷이나 손가락이나 어디든지 스치기만 해도 그냥 터지는 것과 같다.

완전히 익은 경지에 도달하면 남이 무슨 소리를 하든지 딱 알게 되는 것이다.

그러니 내 정신을 집중하는 데 힘을 쓰고 전력을 다해야 된다. 정신이 잘 집중되면 다른 사람과 대화를 할 때 첫마디만 듣고도 '저 사람이 나한테 무엇 때문에 저 소리를 하는지' 끝까지 안 들어도 다 알게 된다.

간절한 도담 한 편을 더 새겨 보자.

❁

중국 선종의 운문종雲門宗을 창시한 분은 운문문언雲門文偃(864~949) 선사이다. 젊은 시절에 운문선사는 짚신을 삼아 팔아서 어머니를 봉양하고 있던 목주진존숙睦州陳尊宿이라는 고매한 스님을 찾아갔다. 도를 묻기 위해서….

그런데 멀리서 운문이 오는 것을 보고 있던 목주스님은 집 안으로 들어가서 대문을 걸어 잠갔다. 운문이 대문을 두드리자 선사가 물었다.

"누구냐?"

"예, 문언이올시다."

"무엇 하러 왔느냐?"

"자기의 일을 밝히지 못해서 스님의 지시를 받으러 왔습니다."
 목주스님은 대문을 열어서 운문에게 자기의 모습을 보여주고는 다시 문을 걸어 잠갔다.

 이것이 참 재미있는 일이다. 자기의 일을 밝히러 왔다니까, 운문에게 전부를 드러내 보여준 것이다.

 조금 있다가 운문은 다시 대문을 두드렸다.
"누구냐?"
"문언이올시다."
"무엇 하러 왔느냐?"
"자기의 일을 밝히지 못해서 스님의 지시를 받으러 왔습니다."
 잠깐 있다가 또 대문을 두드린다.
"누구냐?"
"문언입니다."
"무엇 하러 왔느냐?"
"자기의 일을 밝히지 못해서 스님의 지시를 받으러 왔

습니다."

 누가 귀가 먹었는지 이렇게 묻고 답하기를 하루 종일 하였다. 그 이튿날도 아침서부터 목주스님에게 가서 어제와 같이 대문을 두드리고, '누구냐?', '문언이올시다…'라는 문답을 하루 종일 반복하였다.

 그런데 무엇 때문에 그 말을 자꾸 되풀이하였겠는가? 능히 묻고 답하는 거기에 의미가 있다. 목주스님이 운문이 묻는 말을 몰라서 자꾸만 같은 대답을 한 것이겠는가?
 그 자리가 누구에게나 분명히 있건만, 깜깜하게 어두운 운문! 하루 종일 목주스님이 그렇게 문답을 한 것은, 운문에게 능히 답을 할 수 있는 그 자리를 밝혀주기 위한 자비였다.

 어지간한 사람 같으면 이내 가버렸을 텐데, 사흘째 되던 날도 어제와 같은 문답을 시작하다가, 목주스님이 대문을 왈칵 열고 나와서 운문의 멱살을 꽉 움켜잡으면서 소리쳤다.

"일러라, 어서 일러봐라!"
'이 소식을 한번 말해봐라'는 것이다. 운문이 머뭇머뭇거리자 왈칵 밀면서 꾸짖었다.
"예잇! 도력찬鞁櫟鑽 같은 놈아!"

운문이 요리 생각하고 저리 생각하니 왈칵 밀어버리면서 '도력찬 같은 놈'이라 하였는데, 말을 하자마자 바로 알아야지, 어름어름하면 귀신 굴에 들어가기 때문이다.
이 도력찬은 진시황秦始皇이 만리장성을 쌓을 때 돌을 운반하는 수레를 만들 때 쓰던 송곳을 말하는데, 사흘 동안이나 가르쳐 주어도 모르는 운문이 세월이 흘러 녹이 생겨나서 아무짝에도 못쓰게 된 송곳과 같다고 한 것이다.
목주스님은 운문을 밀어버리고 대문을 닫았다. 그때, 운문이 대문 안으로 들어서려고 한쪽 발을 대문 안으로 들여놓았고, 힘껏 닫는 철문에 발이 끼여 다리뼈가 부러지고 말았다.

그런데 뼈가 부러지는 그 순간, 운문은 도를 깨달았다.

이처럼 극도에 달하여 생명을 걸면 무아의 경지에서 무엇이든지 해낼 수 있는 것이다.

見聞覺知無障碍　견문각지무장애
聲香味觸常三昧　성향미촉상삼매
如鳥空中只麼飛　여조공중지마비
無取無捨無憎愛　무취무사무증애
若會應處本無心　약회응처본무심
始得名爲觀自在　시득명위관자재

보고 듣고 깨닫고 아는데 거리낌이 없고
소리·향기·맛·촉감 등은 늘 삼매로다
마치 새가 공중을 나는 것과 같아서
취함과 버림과 사랑과 미움이 모두 떠났네
이렇게 본래 무심한 경지에 이르면
비로소 관자재보살이라는 이름 얻게 되노라

III

선담도담
禪談道談

91세 스님의 마지막 생신날 제자들과 함께

전삼삼 후삼삼 前三三 後三三

염착이 있으면 잘 수 없다

당나라 말기에 항주 출신인 무착문희선사無着文喜禪師(820~899)가 오대산으로 문수보살文殊菩薩을 친견하러 갔다.

스님이 성지인 오대산 금강굴金剛窟 앞에서 고요히 향을 사르고 앉아 묵상을 하고 있자니, 한 노인이 소를 몰고 오다가 말을 건넨다.

"무엇 하러 이 깊은 산중까지 와서 앉아 있느냐?"

"예, 문수보살을 친견하러 왔습니다."

"문수보살을 가히 친견할 수 있을까?"
그러더니 잠시 뒤에 또 물었다.

"자네 밥 먹었는가?"
여기부터가 법담法談의 시작이다. 법으로 한 번 찝쩍거려 본 것인데 무착선사가 넙적 답을 했다.
"안 먹었습니다."

밥을 먹고 안 먹고를 말한 것이 아니라, 법으로써 '도가 좀 익은 사람인가' 한 번 찔러본 것인데 '밥 안 먹었다'고 한 것이다.
우리가 일상생활에서 밥 먹고 옷 입고 대소변 보고 하는 그 모든 것 속에 불교의 진리가 있다. 진리가 여기에 있건마는 사람들이 모른다. 있다고 해도 모르니 탈이다. 어디에 있는지도 모른다. 그냥 깜깜하다.

"생짜로구나."

무착이 밥을 안 먹었다고 하자 노인은 '생짜'라는 말

만 하고 그냥 가버린다. 그래도 눈치는 빨랐다. 그 노인의 말하는 태도와 얼굴표정에 범상치 않은 그 무엇이 있음을 느끼고 뒤를 따라간다. 얼마쯤 가자 절이 하나 나타났다.

"균제均提야."
노인이 부르자 시자가 나와서 소를 받아 맨다.
"손님이 오셨으니 차를 가져오너라."
잠시 후 차가 나왔는데 다완茶椀이 금·은·유리·자거·마노·호박 등의 일곱 가지 보배[七寶] 중의 하나인 파리 玻璃로 된 훌륭한 잔이었다.
차를 마시니 세상에서는 맛볼 수 없는 차로, 몸과 마음이 형언키 어려울 지경으로 상쾌해지고, 온몸에서 계속 향기를 내뿜는 차였다.

"자네 어디서 왔는가?"
"남방에서 왔습니다."
노인이 찻잔을 들고 또 물었다.
"남방에도 이런 물건이 있는가?"

"없습니다."
"이런 물건이 없다면 무엇으로 차를 먹는가?"

'남방에도 이런 물건이 있느냐'고 묻는데, '이런 보석으로 된 찻잔이 있느냐'고 묻는 줄 알고 '없다'고 하니, 뜻은 다른 데 있지마는 슬쩍 돌려서 '찻잔이 없으면 무엇을 가지고 차를 먹느냐?'고 한 것이다.

'남방에도 이런 물건이 있느냐?'는 그 말에 좋은 뜻이 있지마는 모르니 어찌하겠나?

여러분들은 이런 대승 법문을 들을 때, 법문의 진리는 종사가 법좌에 오르기 전에 있고, 여러분이 좌에 앉기 전에 있는 그 소식을 알아야 한다. 그 낙처가 어디에 떨어진 줄을….

어리석은 개에게 흙덩이를 던지면 흙이 자기를 때렸다고 흙을 쫓아 가지만, 사자한테 흙을 던지면 흙이 어디 갔던지 바로 던진 사람을 문다. 사자하고 개하고 비교하면 천지 차이다.

무착이 그 절의 방을 둘러보니 벽과 방 안의 모든 장식

물들이 모두 순금으로 휘황찬란하게 이루어져 있다. 노인이 또 물었다.

"남방 불법은 어떻게 주지住持하는가?"
"말법비구末法比丘가 계율을 지켜 유지합니다."
"대중은 얼마나 되는가?"
"혹 삼백 명도 되고, 혹 오백 명도 됩니다."

노인이 묻는 뜻은 딴 데 있건만 사실 그대로만 말한다. 법을 모르니 혹 삼백 명도 되고 혹 오백 명도 된다고 한다. 그리고는 무착이 노인에게 되물었다.

"여기 불법은 어떻게 주지住持합니까?"
"범부와 성현이 함께 살고 용과 뱀이 혼잡해 있느니라."

무착에게는 무슨 말인지 막연한 말뿐이다. 그저 듣고만 있었지, 어디로 떨어지는 말인지 알 수가 없었다. 그러면서 다시 물었다.

"여기는 대중이 얼마나 됩니까?"
"전삼삼前三三 후삼삼後三三(앞도 삼삼, 뒤도 삼삼)이니라."

대중의 수효를 물었는데 앞도 삼삼이요 뒤도 삼삼이라 니? 마치 까치가 뒤집혀서 날아가는 소리다. 무슨 소리 인지….
날이 저물어지니 무착이 하룻밤 자고 가기를 청하자 노인이 말하였다.

"염착染着이 있으면 잘 수 없다."

즉 마음에 번민과 집착이 있는 사람은 여기 쉬어갈 수 가 없다는 말이다.

그리고는 노인이 묻는다.
"자네 계행戒行을 지키는가?"
"예, 어릴 때부터 지키는데 지금까지 지켜 가고 있습니 다."
"그것은 염착이 아니고 무엇인가?"

자칫 잘못하면 계행을 지키지 말라는 소리로 오해할 우려가 있는데, 계행을 지키지 말라는 말이 아니다. 닦아도 닦음이 없고, 행해도 행함이 없고, 가져도 가짐이 없는 경지에 들어가야 되는데, 아직까지 꼭 거머쥐고 있으니 집착이 아니고 무엇이냐는 말이다.

줄타기하는 광대가 처음 줄을 탈 때는 줄을 낮게 매어 놓고 지팡이를 짚고 왔다 갔다 한다. 그런데 지팡이를 놓고 줄을 타야 조화가 생기지, 그렇지 않으면 조화가 생기지 않는다.

그 노인이 무착을 시험대에 올려놓고 한 가지 한 가지씩 물은 것이다. 그런데 무착은 지키고자 하지 않아도 저절로 지켜지고, 가져도 가짐이 없고 닦아도 닦음이 없는 경지에 이르지 못하였으니, 말이 그렇게 나올 수밖에 없는 것이다.

"자네는 염착이 있어서 여기서 못 잔다."

문수는 네 문수, 무착은 내 무착

무착더러 이렇게 말한 노인이 시자인 균제동자를 시켜서 무착을 내보낸다.

"균제야, 손님 가신다."

자기 입에서 나온 말로 뒤집어씌우는데 어찌할 수가 없다. 무착은 밖으로 나와서 동자에게 물었다.

"절 이름이 무엇입니까?"

"반야사般若寺입니다."

이어 무착은 노인과 대화하면서 마음에 가장 걸렸던 말을 물었다.

"동자여, 내가 노인께 대중 수효를 물었는데, 앞도 삼삼이요 뒤도 삼삼이라 하셨습니다. 그 말씀의 뜻이 무엇입니까?"

"대덕大德아."

"예."

"이 수효가 얼마나 되느냐?"

대덕이란 말은 존칭어이다. '대덕아' 하며 불러놓고 대답을 하니, '이 수효가 얼마나 되는가' 하니 천리만리나 아득하여 모르겠다. 동자가 바로 가르쳐 준 것인데 무착은 깜깜하다.

하나를 통하면 백천 삼매三昧가 모두 통할 텐데, 그것을 모르니 바로 가르쳐 주어도 안 통한다. 그런 말은 도저히 모르겠어서 다시 동자에게 법문을 청하였다.

"동자여, 나를 위하여 법문을 좀 해주시오."
동자가 몸을 숨기며 법음法音을 들려주었다.

面上無嗔供養具　　면상무진공양구
口裡無嗔吐妙香　　구리무진토묘향
心內無嗔是珍寶　　심내무진시진보
無垢無染卽眞常　　무구무염즉진상

얼굴에 성냄이 없으면 참다운 공양구요
입에 성냄이 없으면 묘한 향을 토함이며
마음에 성냄이 없으면 참다운 보배요
물듦과 때가 없으면 항상 참됨이로다

잠시 후 돌아다보니, 절도 사람도 다 사라지고, 그저 깊고 푸른 산중일 뿐이었다.
'아하, 그 노인이 바로 문수보살이었구나.'

이 깊은 산간을 지극한 신심으로 찾아 헤매며 자기가 친견하려고 했던 문수보살이었건만, 지혜의 눈이 열리지 못했으니 봐도 보지 못하고 들어도 듣지 못한 것이다.

무착은 그곳을 향해서 무수히 절을 하고, '한 번 더 친견하게 해달라'고 마음속으로 염원하였다.

그 뒤 무착은 공부를 참으로 착실히 하였다.
어느 때 오대산에서 식사를 담당하는 소임인 전좌典座를 맡아보고 있을 때, 동지가 되어 팥죽을 큰 당구 솥에

쑤고 있었다. 그런데 풀떡풀떡하고 끓어오르는 죽 솥에서 1만의 문수〔萬文殊〕보살이 차례로 솟아오르는 것이었다.

이를 본 무착은 죽을 젓던 주걱으로 솟아오르는 문수를 이리 치고 저리 치면서 소리쳤다.

"문수는 네 문수요, 무착은 내 무착이다!"

그때 문수보살이 주걱으로 맞으면서 한 말.

爾三大劫修行　이삼대겁수행
還被老僧嫌疑　환피노승혐의
苦瓠連根苦　　고호련근고
甘苽徹蔕甘　　감고철체감

네가 삼대겁을 수행하여
노승의 혐의를 입었구나
쓴 조롱박은 뿌리까지 쓰고
단 참외는 꼭지까지 사무쳐 달다

이 말이 참으로 좋은 말이다. 이 말에 깊은 뜻이 있건마는 해석은 하지 않겠다.

8

 자, 이제 무착의 공부가 익기 전과, 공부를 이루어서 눈이 밝아졌을 때를 한 번 생각해 보아라.
 공부를 성취하기 전에는 그저 성인인 문수보살을 한 번 친견하려고 원력을 세우고 깊고 깊은 오대산 속을 방황하였다. 그리하여 마침내 친견을 하였는데도, 눈이 밝지 못하여 알아보지도 못한 채 헤어져서는, 한 번만 더 친견하게 하여달라고 원력을 세웠다.

 그런데 알아봤든지 알아보지 못했든지, 성현을 한 번 친견하면 모든 업장과 수행의 장애가 모두 녹아진다.
 성현의 가피를 입어서 마침내 공부를 성취하고 난 다음에는 문수가 나타나자, '문수는 제 문수고 무착은 내 무착이다. 무슨 상관이 있느냐' 하면서 이리 치고 저리 치고 하였다. 그 용기가 참으로 대단한 용기인 것이다.
 그리고 노인문수와 문수동자가 나서서 일러준 말은, 무착의 미진한 부분을 꼬집어 주고, 향상向上의 일로一路를 깨우쳐 준 것이다.

이 이야기를 곰곰이 새기고 또 새겨서, '전삼삼 후삼삼'의 이치를 비롯하여, 이야기 속에 깃든 진리를 나의 것으로 만들기 바란다.

일지선─指禪과 신령스런 광명

한 손가락 법문

예전에 당나라 때, 무주務州 금화산金華山에서 구지선사 俱胝禪師가 수도를 하고 있었다. 무려 수십 년을 좌선정 진하였는데, 하루는 어떤 여인이 갓을 쓰고 들어와서 구 지선사 주위를 세 번 돌고는 그냥 나가려고 하였다.
구지선사가 여인에게 소리쳤다.
"서라."
그러자 여인이 맞받았다.
"내가 지금 빙 돈 것에 대해 한 마디를 이른다면 서겠지만, 그렇지 못하면 설 수 없다."
구지선사가 답을 못 하자 여인은 휙 나가버렸다.

평생을 바쳐 공부했건만 깨닫지 못하였으니 그 도리를 알 수가 있나? 더군다나 한 여인에게 모멸까지 당하였으니 얼마나 참담한 심정이었겠는가?

"한평생 공부를 한 대장부가 여인과의 법거래法去來에 답을 하지 못하고 모욕을 당하였으니, 더 살아볼 가치가 없다."
구지선사가 혼자서 탄식하고는, 그날 저녁에 죽을 각오를 하였다. 그런데 그날 밤 허공에서 꿈도 생시도 아닌 가운데 무슨 말이 들려왔다.
"내일 육신보살肉身菩薩이 와서 법을 일러줄 터이니 기다려라."

육신보살이란 우리와 똑같이 육신을 가지고 있는 대보살을 말한다. 죽으려고 단단히 마음을 먹었는데, 그런 기적 같은 일을 당하고 보니 죽을 수가 없었다.

이튿날, '누가 올 것인가' 하고 새벽부터 기다렸는데, 아침을 먹고 나니 어떤 노장님이 걸망을 지고 들어와서 '휴우-'하고 마루에 앉는다. 천룡화상天龍和尙이었다.

'육신보살님이 왔는가 보다' 생각하며 인사를 하고, 어제 당한 이야기를 자세히 고하였다.

"어젯밤에 꼭 죽으려고 하였는데, 허공에서 소리가 들려서 안 죽고 기다렸더니 스님께서 오셨습니다. 저를 위해 법을 설하여 주십시오."

"그럼 내가 앉아 있을 테니, 자네가 그 여자와 같이 갓을 쓰고 내 주위를 빙 돈 다음에 나가게나."

구지선사가 갓을 쓰고 천룡화상을 세 번 빙 돌고 나가려 하니 천룡화상이 외쳤다.

"거기 서라."

"내가 지금 빙 돈 것에 대해 한 마디 이른다면 서겠지만, 그렇지 못하면 설 수 없다."

그때 천룡화상이 손가락을 쓱 내밀었고, 손가락을 내미는 거기서 구지선사가 도를 깨쳤다. 자기가 참구하던 진리를 활연히 깨닫고 본성本性을 알게 된 것이다.

그 후에 누가 법문을 들으러 오면 구지선사는 손가락만 내보이면서 말하였다.
"나의 이 한 손가락에는 백천 가지 삼매와 무량하고 오묘한 이치가 있다. 내가 천룡화상에게서 얻은 한 손가락 선[一指禪]은 일생 동안을 수용하여도 다함이 없다."
누가 와도 손가락만 내보였지, 다른 법문을 하지 않았다.

그런데 어느 날 구지선사에게 법을 물으러 먼 곳에서 어떤 사람이 찾아왔다. 마침 구지선사가 며칠 동안 출타를 하여 시봉하는 어린 동자 하나가 암자를 지키고 있었다. 그가 동자에게 한탄을 한다.
"내가 수백 리 밖에서 너희 스님의 법문을 들으러 왔는데, 스님이 안 계시니 큰일이구나."
"우리 스님 법문은 나도 할 줄 압니다. 나한테 듣고 가시면 됩니다. 우리 스님 법문을 많이 보고 들어서 나도 여간 잘하지 않습니다."

참으로 천진한 말이다.

"그럼 네가 좀 해주렴."
"저에게 '어떤 것이 불법의 참된 도리인가?' 하고 물으십시오."
"어떤 것이 불법의 참된 도리인가?"
그러자 시자가 한 손가락을 쑥 내어 보였다.
"우리 스님 법문은 늘 이렇습니다. 누가 와도 손가락만 내보였지 별말씀이 없습니다."

그 사람이 간 다음에 구지선사가 돌아오자 시자가 자랑을 했다.
"스님이 안 계실 때 수백 리 밖에서 어떤 사람이 법문을 들으러 왔는데, 크게 걱정을 하길래 제가 대신 법문을 해주었습니다."
"그래? 어떻게 해주었느냐?"
"어떤 것이 불법의 참된 도리냐고 물으라 하고는, 그렇게 묻자 손가락을 내어 보였습니다."
구지선사가 칼을 갈아서 감춘 다음 시자를 불렀다.

"너, 아까 한 그 법문을 새로 한번 해보아라. 어떤 것이 불법의 참된 도리이냐?"

그러자 시자가 손가락을 쑥 내민다.

그때 구지선사가 시자의 손가락을 꽉 거머쥐고 칼로 싹둑 끊어버렸다. 시자가 아파서 죽는다고 고함을 지르면서 밖으로 뛰쳐나갔다. 구지선사는 시자를 큰 소리로 불렀고, 시자는 엉겁결에 뒤를 돌아보았다.

"어떤 것이 불법의 참된 도리이냐?"

시자가 손가락을 쑥 내미는데 손가락이 있어야지…. 시자는 손가락 없는 그것을 보고 활연히 깨달았다.

8

구지선사는 손가락 있는 데에서 도를 깨쳤고, 시자는 손가락 없는 데에서 도를 깨쳤다.

다른 스님네의 법문에는 후대 선사들의 해석이 많은데, 이 구지선사의 손가락 법문에는 해석이 없다. 다만 정주汀州 법연선사法演禪師의 송頌만이 전한다.

佳人睡起懶梳頭 가인수기라소두

把得金釵插便休　　파득금차삽편휴
大抵還他肌骨好　　대저환타기골호
不塗紅粉也風流　　부도홍분야풍류

아름다운 여인은 일어나서 머리를 빗지 않고
금비녀로 단장을 하지 않아도 그냥 예쁘다
살결이 원래 곱고 자태가 요염하여
분을 바르지 않아도 풍류가 넘치누나

이 게송의 뜻이 무어냐 하면, 구지선사의 손가락 드는 법문은 해석을 부치지 않아도 눈 밝은 사람이 그대로 보면 다 안다는 뜻이다.

불법의 참된 도리는 있는 데도 속하지 아니하고 없는 데도 속하지 아니하며, 구지선사가 얻은 깨달음은 손가락에 있는 것도 아니요 손가락을 여읜 것도 아니다. 이러한 오묘함이 있다.

자, 일러보아라. 구지선사의 한 손가락 법문에 깃든 뜻을!

옛 종이를 백 년 동안 뚫어본들

당나라의 복주福州 고령사古靈寺에 계셨던 신찬선사神贊禪師에 대한 이야기이다.

신찬선사는 고향에 있는 대중사大中寺로 출가하여 은사 스님을 모시고 있었는데, 은사는 늘 경전만 보고 있지 참선은 하지 않았다. 그것도 경전 속의 깊은 뜻은 새기지 않고 그냥 소리를 내어서 읽는 독경讀經만을 열심히 하였다.

글을 아무리 들여다보고 있어 봐야 '부처님이 영산회상靈山會上에서 꽃을 들어 보이신 소식'이나, 내가 법상에서 아무 말 없이 있다가 주장자로 법상을 '탁' 하고 치는 이 소식은 알 수가 없다. 이 모두 문자로는 어리댈 수 없는 격식 밖의 것이다.

은사 밑에 있어 봐야 생사 문제를 해결할 수 없음을 느낀 신찬선사는 은사를 하직하고 선지식善知識을 찾아서 떠났고, 여러 선지식을 찾아다니다가 백장화상百丈和尚을 만나서 도를 깨달았다.
그리고 은사가 계신 본사로 돌아오자 은사께서 물었다.

"내 곁을 떠나가서 무엇을 익히고 왔느냐?"
"아무것도 익힌 바가 없습니다."
이 말이 산 법문이 담겨 있건만, 은사는 관심을 두지 않는다.

그날부터 신찬선사는 대중과 함께 머물면서 일을 돌보았고, 은사는 여전히 예전 그대로 경전을 펴놓고 조박糟粕만 씹고 있었다.
조박은 '깨로 기름을 짜고 남은 깻묵'을 말하는데, 문자만 들여다보고 있는 것이 기름은 먹지 않고 깻묵만 씹고 있는 거나 마찬가지라는 말이다.

'우리 스님은 여전히 문자에만 끄달려서 불경을 읽고 있구나.'

어느 날 은사는 목욕을 하다가 등을 밀라고 하자, 선사는 등을 밀면서 말하였다.

"좋은 불전佛殿인데 부처가 영험치 못하구나."

그의 스승이 고개를 돌리니 선사가 또 말하였다.

"영험치 못한 부처가 광명은 놓을 줄 아는구나."

말속에 뼈가 있는 듯하였지만 스승은 깊이 생각하지 않았고, 목욕을 마친 다음 평소처럼 창가에서 경전을 읽었다.

그때 방으로 들어왔던 벌이 창호지에 부딪치면서 나가려고 애를 쓰고 있었다. 이를 보고 신찬선사가 게송을 지었다.

空門不肯出　　공문불긍출

일지선과 신령스런 광명　181

投窓也大痴　투창야대치
　　百年鑽古紙　백년찬고지
　　何日出頭時　하일출두시
　　열린 문으로 나가려 하지 않고
　　봉창을 치니 크게 어리석다
　　옛 종이를 백 년 뚫어 본들
　　어느 날에 나갈 수 있겠는가

글이나 읽어서는 생사 해탈을 할 수 없다는 말이다.

　스승이 목욕할 때 들은 말과 지금 외운 게송을 가만히 생각하다가, '이 사람이 필시 깨달았구나' 하고는 읽던 경을 덮어놓고 물었다.
　"아까부터 너의 말을 듣자 하니 매우 이상하구나. 지난번에 나를 떠나 누구를 만났느냐?"
　"저는 백장화상을 뵈옵고 쉴 곳을 가르쳐 주심을 받았는데, 이제 은사님의 덕을 갚고자 할 뿐입니다."

　이에 스승은 대중에게 이 사실을 알린 다음 공양을 잘

차려 대접하고, 신찬선사에게 설법을 청하였다.
선사가 법상에 올라 게송을 외웠다.

靈光獨露　　영광독로
逈脫根塵　　형탈근진
體露眞常　　체로진상
不拘文字　　불구문자
眞性無染　　진성무염
本自圓成　　본자원성
但離妄緣　　단리망연
卽如如佛　　즉여여불

신령스런 광명이 홀로 빛남이여
육근과 육진을 초월한 자리로다
항상 참된 본체가 드러나 있거늘
어찌 문자에 구속되고 끄달리는가
참된 본성은 더러워짐이 없고
본래 뚜렷이 이루어져 있으니
오직 허망한 인연만 떨쳐 버려라
곧 그대로 한결같은 부처이니라

이 게송을 들은 스승은 깨달음을 얻고 크게 환희하였다.

"늘그막에 이런 지극한 설법을 들을 줄을 누가 알았으랴!"

8

이 시를 다시 한번 풀어 보자.

아무 생각 없는 소소영영昭昭靈靈한 그 자리는 홀로 드러나 있으니, 눈·귀 등의 육근과 빛깔·소리 등의 육진에 걸리지 않는다.

아무런 망상이 없고 늘 노출되어 있는 이 당체當體 자리는 문자에 걸림 없을 뿐아니라 생사에도 걸림이 없다.

그 자리, 부모에게서 몸을 받아 태어나기 전의 그 자리에 걸릴 것이 무엇이 있는가?

이런 말은 천고에 듣기 힘든 말이다. 삼천 년 전에 부처님이 말하셨고, 모든 조사들이 말한 그 자리, 여러분이 가지고 있는 당체 그 자리를 오늘 내가 바로 말해주고 있는 것이다.

참된 성품은 물듦이 없는 것이, 흡사 연꽃에다 똥물을

붓고 청황적백흑의 온갖 색깔을 부어도, 닿기는 닿지만 하나도 물들거나 묻지 않는 것과 같다. 진흙에 박았다가 빼내어도 연꽃에는 조금도 흙이 묻거나 더럽혀지지 않듯이, 우리의 참된 성품에는 모든 더러운 것을 묻히려 해도 묻힐 수가 없는 것이다.

자기 스스로가 망상을 피우면 피웠지, 이 자리는 외외낙락魏魏落落(아주 높고 깨끗함)하여 조금도 어리댈 수 없는 것이기 때문에, '허망한 인연만 떨쳐 버리면 곧 그대로 한결같은 부처〔但離妄緣 卽如如佛〕'라고 한 것이다.

모름지기 허망한 인연을 떨쳐서 신령스러운 광명을 발하는 한결같은 부처〔如如佛〕가 되어볼지어다.

평상심시도 平常心是道

도는 어디에 있는가

석가모니 부처님은 대각大覺을 성취하신 뒤, '진리의 법문을 알아들을 수 있는 중생이 너무도 적다'는 것을 살펴보시고 그대로 열반에 들고자 하셨다.

그때 뜻있는 이들은, '가까스로 출현한 부처님께서 그대로 열반에 들어버린다면 이 세상은 더욱 깊은 어둠에 싸일 것'이라고 하면서, '중생을 깨우쳐 줄 것'을 간청하였다. 이에 부처님께서는 부득이 언어를 초월한 진리를 45년 동안 말을 빌려서 설법하셨다.

부처님께서 깨달은 진리는 특별한 것이 아니요, 멀리

있는 것도 아니다. '평상심平常心의 도道'요 진리로, 그 도는 우리가 밥 먹고 밥그릇 씻는 거기에 다 들어 있다.

 도는 신비로운 어떤 것이 아니다. 그냥 우리가 활용하고 있는 진리요, 그 진리는 우리 인생의 생명이다.
 그러므로 도를 닦는다는 것은 우리 인생의 생명을 알려고 하는 것이다.

 도는 공기나 물과 같아서, 우리가 느끼지는 못하지만 그것이 없으면 일체의 생물이 살아남지 못하게 되는 무한 생명의 원천이다.
 그러므로 우리는 일상생활 속에서 언제나 도와 더불어 살아가고 있다. 그런데도 이러한 것이 도인 줄을 모르는 중생은 특별한 데서 도를 찾는다.

❦

 조선시대 초기에 벽계정심碧溪淨心 선사와 벽송지엄碧松智嚴 선사라는 분이 계셨다. 이 두 스님의 인연은 불교의 탄압이 가장 극심했던 연산군 때 이루어졌다.

연산군이 불상을 파괴하고 절 재산을 빼앗고 승려를 환속시켜서 사냥터의 동물 몰이꾼으로 삼는 등, 불교를 말살시키기 위해 갖가지 횡포를 부리자, 황악산 직지사에 있던 정심선사는 속인으로 변복하고 산 너머에 있는 물한리勿꾸里로 들어가서 불법佛法을 전할 시기를 기다리고 있었다.

그때 간절히 도를 구하고자 했던 지엄은 물어 물어서 정심선사를 찾아갔다. 그러나 정심선사는 선지禪旨를 일러주기는커녕, 매일 나무하고 밥하고 물 길어오는 일만을 열심히 시켰다.

"스님, 도를 가르쳐 주십시오. 도가 무엇입니까?"
3년을 함께 지내면서 무수히 도를 물었으나, 법문 한마디를 듣지 못했다. 참다못한 지엄은 행장을 꾸려 들고 정심선사께로 가서 말하였다.

"스님, 떠나겠습니다."
"왜 가려고 하느냐?"
"3년 동안 스님을 모셨지만 도에 대한 법문 한마디 없이 매일 일만 시키시니, 더 있은들 별수가 있겠습니까? 떠나겠습니다."

"그래? 그렇다면 가거라."

잔뜩 화가 난 지엄이 집을 나와 뒤도 돌아보지 않고 고개 언덕을 넘어서서 내려가는데, 뒤따라온 정심선사가 고갯마루에 서서 큰 소리로 불렀다.

"지엄아 지엄아, 나를 보아라."

정심선사는 발길을 멈추고 뒤를 돌아보는 지엄에게 말하였다.

"내가 매일 '밥을 지으라'고 할 때 설법하였고, '차를 달여 오라'고 할 때 설법하였고, '나무하라'고 할 때 설법하였고, '밭을 매라'고 할 때 설법하였는데도, 네가 몰랐구나. 그래, 오늘은 법을 받아라!"

그러면서 불끈 쥔 주먹을 내밀어 보였다.

그 순간 지엄은 도를 깨달았고, 정심선사께서 자상하게 가르쳐주기보다는, 한마디의 법문도 일러주지 않은 것에 대해 한없이 감사를 했다고 한다.

도는 어디에 있는가? 바로 우리의 일상생활 속에 있다.

한 생각 일어나기 전(一念未生初)에 도가 있고, 눈과 눈으로 서로 마주 보는 데 도가 있고, 중생의 일상생활에, 삼라만상에 다 도가 있다.

우리가 오고 가는 데 도가 있고, 물건을 잡고 놓는 것이 도요 선禪이건만, 눈이 어두우니 어찌 볼 수 있겠는가?

눈앞에 불법佛法이 있건마는, 눈이 멀고 귀가 어두워서 보지도 못하고 듣지도 못한다. 어느 것이고 도 아님이 없건마는 먼 곳에서, 또 바깥에서 도를 찾으려 한다.

평상심시도平常心是道! 평상심이 도이다.

도를 구하는 사람이라면 밥 먹고 옷 입고 대소변 보는 평상平常의 일 그 자체가 도요 도행道行임을 알아야 한다.

만약 우리가 분별망상을 일으키기 전의 고요하고 또렷한 평상심이 도道라는 것을 깨닫게 되면, 이 사바세계를 무대로 삼아 한바탕의 연극을 참으로 멋있게 연출할 수가 있다.

조주스님과 평상심

이 평상심시도를 가장 잘 활용하여 후학들을 깨우친 분은 저 유명한 조주趙州(778~897) 스님이다.

조주스님이 처음 도를 닦을 때 스승인 남전南泉 선사께 여쭈었다.
"어떤 것이 도道입니까?"
"평상심平常心이 도道이다."
"어떻게 나아가야 향할 수 있습니까?"
"헤아리고 생각하면 곧 어긋나노라."
"헤아리거나 생각하지 않고 어찌 도를 알 수가 있습니까?"
"도는 알고 모르는 데에 속한 것이 아니다〔道屬知不知〕.

만약 안다고 하면 망각妄覺(허망된 깨달음)이요, 모른다고 하면 무기無記(힘없이 텅 빈 상태)이다. 참으로 의심이 없이 도를 통달하면 태허공과 같이 확연廓然하거늘, 어찌 구태여 시비를 하리오."

이 말씀을 듣고 조주는 단박에 도를 깨쳤다.

❀

어떤 승려가 조주스님께 여쭈었다.
"어떤 것이 도道입니까?"
"담장 밖에 있는 것이다."
"그런 도를 물은 것이 아닙니다."
"그러면 어떤 도를 물었느냐?"
"대도大道를 물었습니다."
"대도는 장안(서울)으로 통하느니라."

§

도가 담장 밖에 있다고 한 말씀은, 도가 다른 특별한 것이 아니라 모두가 다니는 '길[道]'이라는 것이다.

그리고 '대도는 장안으로 통한다'고 한 것은 산중에 있는 집이든 벌판에 있는 집이든 도시에 있는 집이든, 자기 집 문밖을 나서면 서울 가는 길로 다 통하여 있다는 말씀이다.

이 도는 어디에고 없는 데가 없는데, 모르기 때문에 도를 따로 찾는다.

도는 눈으로 빛을 보고 귀로 소리를 듣는 가운데 있다. 그런데 수도하는 사람 중에는 빛과 소리를 떠나서 도를 구하려는 이들이 많다.

또 번뇌와 망상 때문에 공부가 잘되지 않는다고 하면서 이것을 끊으려고 애를 쓴다. 그러나 이것은 잘못된 것이다.

얼음을 녹이면 그것이 곧 물이 되듯이, 번뇌와 망상을 돌이키면, 그것이 곧 깨닫는 당체當體(본체)가 된다. 소리와 빛의 당체가 곧 도인 것이다.

어떤 승려가 조주스님께 여쭈었다.
"어떤 것이 도입니까?"
"아침에 죽을 먹었는가?"

"예, 먹었습니다."
"발우를 씻어라."
이 말씀에 활연히 깨쳤다.

⚭

불법이 먼 데 있는 것이 아니라, 옷 입고 밥 먹고 그릇을 씻는 우리 일상생활 가운데에 있다.

'도가 어떻다'고 설명하거나, '경전에 어떻게 쓰여 있고, 부처님이 어떻게 말씀하셨다'는 등의 이야기를 하지 않아도, 도는 '발우를 씻으라'는 이 말과 바로 통한다. 밥 먹고 밥그릇을 씻는 거기에 모든 것이 다 들어 있다.

여러 말 할 것이 없다. 이 도리는 입을 열면 어긋나고, 입을 열지 않으면 놓쳐 버리고, 열거나 닫지 않더라도 십만팔천 리나 어긋난다.

조주스님의 일상법문

조주스님은 도를 우리의 일상이나 평상심과 관련하여 설한 법문이 매우 많다. 그중에서 여럿을 추려서 설명 없이 소개한다.

조주스님이 어떤 승려에게 물었다.
"일찍이 여기에 왔던 일이 있는가?"
"왔었습니다."
조주스님이 말하였다.
"차 한잔 들고 가시게〔喫茶去〕."

또 다른 승려에게 물었다.
"일찍이 여기에 왔던 일이 있는가?"

"왔던 일이 없습니다."
"차나 한잔 들고 가시게."

이에 원주院主가 스님께 여쭈었다.
"어찌하여 일찍이 왔던 이도 '차나 한잔 들고 가라' 하고, 온 적이 없는 이도 '차나 한잔 들고 가라' 하십니까?"
"원주야!"
"예."
"차나 한잔 들고 가시게."

조주스님께 어떤 승려가 여쭈었다.
"어떤 것이 조주입니까?"
"동문·남문·서문·북문이니라."
"그런 것을 물은 것이 아닙니다."
조주스님이 말하였다.
"네가 조주를 묻지 않았더냐?"
(스님의 '조주'라는 호는 조주에 사는 큰 고승이었기 때문에 얻어진 이

름이므로, 조주를 동문·남문·서문·북문이라 표현하신 것이다.)

❀

조주스님께 어떤 승려가 여쭈었다.
"조주의 돌다리 소문을 들은 지 오래건만, 와서 보니 외나무다리만 보입니다."
"그대는 외나무다리만을 보고, 돌다리는 보지 못했구나."
"어떤 것이 돌다리입니까?"
"말도 건네고 나귀도 건너는 다리이다."
승려가 다시 여쭈었다.
"어떤 것이 외나무다리입니까?"
"한 사람씩 한 사람씩 건너는 다리이다."

❀

조주스님께 어떤 승려가 여쭈었다.
"십이시각十二時刻 동안 어떻게 마음을 쓰리이까?"
"너는 십이시각의 부림을 받지만, 나는 십이시각을 부린다. 너는 어떤 시각을 묻는 것이냐?"

❀

조주스님이 대중들에게 이르셨다.

"금부처는 용광로를 건너지 못하고, 나무부처는 불을 건너지 못하고, 흙부처는 물을 건너지 못하고, 참부처는 안에 앉아 있노라."

❀

조주스님께 엄양嚴陽 존자가 여쭈었다.

"한 물건도 가지고 오지 않을 때는 어떠합니까?"

"놓아버리라〔放下着〕."

존자가 다시 여쭈었다.

"한 물건도 가지고 오지 않았거늘 놓아버리라니! 무엇을 놓아버리라는 것입니까?"

"그렇거든 짊어지고 가든지."

이 말씀 끝에 존자는 크게 깨달았다.

❀

조주스님과 한 승려가 길을 가다가 당간幢竿(깃발 매다는 깃대)의 한 마디가 없는 것을 보게 되었다. 이에 같이 가던 승려가 물었다.

"당간의 한 마디가 땅속으로 들어갔습니까? 하늘로 올라갔습니까?"

"땅에 들어가지도 않았고 하늘로 오르지도 않았다."

"그럼 어디로 갔습니까?"

"부서졌노라."

❁

뒷간(東司)에 있던 조주스님이 문원文遠이 지나가는 것을 보고 불렀다.

"문원아."

"예, 스님."

"뒷간에서는 너에게 불법을 말해줄 수 없구나."

❁

한 승려가 조주스님께 여쭈었다.

"스님, 가장 다급한 일이 무엇입니까?"

스님이 다급하게 일어나며 말하였다.

"오줌 좀 눠야겠다. 이런 사소한 일도 이 늙은 중이 직접 해야 하는구나."

❀

높은 관직에 있는 이가 조주스님을 찾아와서 물었다.
"대선사도 지옥에 갑니까?"
"암, 가고말고! 누구보다도 내가 먼저 가지요."
"도인이 어째서 지옥에 갑니까?"
"내가 지옥에 가지 않으면 어떻게 당신을 볼 수 있겠소?"

❀

조주스님을 찾아온 젊은 유생은 스님의 주장자가 탐이 났다. 그래서 교묘하게 대화를 시작했다.
"부처님은 중생의 원을 저버리지 않는다던데 사실입니까?"
"그러하네."
"스님, 저는 스님의 주장자를 갖고 싶습니다."
"군자는 다른 사람이 갖고 있는 것을 빼앗지 않는다

네."
"스님, 저는 군자가 아닙니다."
"나도 부처가 아니라네."

한 승려가 여쭈었다.
"부처는 어떤 분입니까?"
"너는 어떤 사람이냐?"

조주스님의 평상심시도!
넉넉히 이해하였으리라.

무애자재를 성취한 도인들

죽는 날을 마음대로

예전에 통도사 백련암白蓮庵에 수행을 잘하신 성곡性谷 스님이 계셨다. 스님은 세상 인연이 다하였음을 알고 상좌에게 말했다.

"오늘 열반涅槃에 들란다."

상좌가 가만히 생각해 보니 내일이 정월 초하루 설날이다. 음식도 장만해야겠고 온 대중이 목욕재계를 하는 등 부산한 일이 많은데, 설도 못 쇠고 장사 치르게 되었다. 그래서 말씀을 드렸다.

"스님, 내일이 설날이라, 대중들이 음식을 장만하고 목욕을 하느라 매우 분주합니다.

오늘 열반에 드시면, '그 노장, 하필이면 방정맞게 설날에 죽어서 남의 설도 못 쇠게 하고 초하루부터 장사를 지내게 한다'며 모두들 욕을 할 겁니다.

이왕이면 내일 설날을 지내고, 초사흘 불공佛供을 보고, 초이레 칠성불공을 드린 다음에 가면 어떻겠습니까?"

노장이 잠잠히 생각하더니 말하였다.

"네 말도 참 그럴듯하구나. 그렇게 하지."

그리고는 초하루·초사흘·초이레 불공을 모두 보고 열반에 들었다.

8

이렇게 죽을 때를 알고 죽는 날짜까지 바꾸는 것은 세상 사람들이 못하는 어려운 일이다.

그러나 불교집안에는 이러한 일이 자주 있다. 수행이 깊은 사람들은 생사에 자재한 삶으로 일상을 멋들어지게 장엄莊嚴하는 것이다.

무애자재를 성취한 도인들

※ 생사자재, 무애자재를 논하면서 경봉스님의 이야기를 빼놓을 수가 없어, 편집자 임의로 여기에 싣는다.

❦

경봉스님은 열반에 들기 한 해 전인 1981년 음력 5월 25일, 후원의 공양주 보살을 불러 이르셨다.

"3일 후(음력 5월 27일)에 갈란다. 오늘부터는 공양을 올리지 마라."

"예? 무슨 말씀입니까?"

"내가 3일 후에 가면 장례는 5일장으로 해야 한다."

모두가 깜짝 놀라 '그러시면 안 된다'고 하였다. 그때 극락암은 한창 선방 신축 불사를 하고 있을 때였다. 도감을 맡고 있던 상좌 명정明正은 급히 달려와, 스님의 머리맡에서 애원을 했다.

"스님 무슨 말씀이십니까? 그럼 지금 하는 불사는 어떻게 합니까? 저는 못 합니다. 스님께서는 가만히 누워만 계셔도 불사가 되지만, 스님께서 안 계시면 이 불사는 절대로 안 됩니다. 저보고 어떻게 하라고 가신다고 하십니까? 안 됩니다, 스님."

상좌 명정은 한참을 엎드려서 애원을 하다가 손가락 하나를 세웠다.

"스님, 딱 1년만 더 계시다가 가십시오. 제발!"

끝없이 매달리는 제자들의 청을 뿌리치지 못한 스님은 마지못해 이르셨다.

"내가 1년을 더 살고 가면, 그 1년은 내 삶이 아니다. 어찌 1년이나 더 있으라고 하느냐?"

그리하여 스님은 세연世緣을 1년 더 연장하셨다.

ॐ

경봉스님께서는 '그 1년은 내 삶이 아니다'라고 말씀하신 것처럼 그날부터 바깥출입을 일절 하지 않고, 방에서만 맑은 정신으로 편안히 지내시다가, 하루도 어김없이 꼭 1년이 지난 음력 5월 27일(양력 7월 17일)에 열반에 드셨다.

가시고자 했던 열반의 시기 3일·7일·보름 정도 늦춘 고승들은 더러 있었지만, 스님처럼 1년까지 늦춘 경우는 알려진 바가 없다.

생사대자재生死大自在의 대도인이 아니면 보일 수 없는 일이다.

부활한 달마대사

성경에 예수님은 사흘 만에 부활하였다고 했는데, 불교에도 이러한 부활이 종종 보인다.

달마達摩 스님은 독약을 여섯 번이나 받았다. 광통율사 光統律師와 유지삼장流支三藏이 모함을 하여 독약을 받았는데, 마시면 내장이 녹는 무서운 독약이었다. 이런 약을 다섯 번이나 마시고도 끄떡이 없었는데, 여섯 번째는 말하였다.

"인연이 다하였으니 하는 수 없구나."

스님은 독약을 마시고 나서 사람들에게 이르셨다.

"이 약이 얼마나 독한가 보아라."

스님이 돌에 남은 약을 부으니 돌이 쩍 갈라졌다.

달마스님이 단정히 앉아 열반에 들자, 화장을 하지 않고 웅이산熊耳山 정림사定林寺에 탑을 세우고 탑 안에 안치하였다.

그 뒤 3년이 지났을 때 송운宋雲이 서역西域의 사신으로 갔다가 돌아오는 길에, 총령葱嶺이라는 재에서 지팡이에 신을 한 짝 꿰 메고 가는 달마스님과 마주쳤다.
송운이 여쭈었다.
"스님, 어디로 가시는 길입니까?"
"서천西天(인도)으로 간다."
송운은 조정으로 돌아와서 왕에게, 총령에서 신 한 짝 메고 서천으로 가는 달마스님을 만났다고 했다.
"그 스님은 벌써 열반에 드신 지 3년이 지났는데 그럴 리가 있겠느냐?"
왕은 '탑 속의 관을 열어보라'는 명을 내렸다. 그래서 열어보았더니, 과연 텅 빈 관 속에 신 한 짝만 남아 있는 것이었다.

§

독한 약을 마시고 죽었는데 3년 동안 관 속에 있다가

총령을 넘어갔다?

 이것은 정말 불가사의한 일이어서 보통 사람의 견해로는 도저히 생각할 수가 없는 도리이다. 곧 총령에서 서천으로 신발 한 짝을 메고 간 것은 마음과 마음으로 서로 전하는 소식을 나타낸 것이다.

 불생불멸不生不滅하는 생멸이 뚝 떨어진 이 자리, 생사해탈하고 생사에 자재하는 이 자리 하나를 밝히려고, 수행인들은 천신만고를 서슴지 않고 겪는다.

법흥왕과 이차돈

참으로 거룩한 생사자재는 단순히 죽음을 알고 죽음에서 자유로운 삶이 아니라, 만인을 위해 기꺼이 목숨을 내어놓는 삶이다. 나는 그 대표적인 인물로 신라 삼성三聖을 꼽는다.

우리나라에 불교가 처음 들어온 것은 고구려 소수림왕 2년인 372년이지만, 신라는 법흥왕(재위 514~539) 때가 되어서야 불교를 국교로 받들었다.

이 신라 불교의 흥왕을 이끌어낸 법흥왕法興王·이차돈異次頓(본명은 박염촉朴厭觸)·원효성사元曉聖師로, 이 세 분을 신라불교의 삼성三聖이라고 한다.

❁

법흥왕은 불교를 퍼뜨리려고 천경림의 숲을 베어서 절

을 짓기를 원했다. 그러자 만조백관들은 하나같이 안 된다고 하였다. 왕은 탄식하였다.

"나는 참으로 덕이 없구나. 불보佛寶를 뫼시려고 하는데, 백성들은 불안해하고, 신하들은 따르지 않으니…. 누가 능히 나를 위하여 묘한 법으로 미한 사람들을 설득시킬 수 있을까!"

그때 사인舍人의 벼슬을 하던 이차돈이 곁에 있다가 청하였다.

"왕이시여, 소신을 참斬하여 중의衆議를 정하소서."
"불교를 흥왕시키고자 하거늘, 불교를 저버리지 않는 이를 먼저 죽이는 것이 어찌 옳은 일이겠느냐?"
"아닙니다, 대왕이시여. 모든 것 중에서 가장 버리기 어려운 것이 목숨이지만, 이 몸이 저녁에 죽어 아침에 대교大敎(불교)가 행하여진다면, 하물며 부처님의 해가 길이 밝아지고 이 나라가 평안해진다면, 저의 죽는 날이야말로 다시 태어나는 날이 아니겠습니까?"
"네 비록 포의를 입었지만 마음속은 비단과 같구나. 네가 그렇게만 해내면 가히 보살의 행이라 할 것이다."

크게 감격한 법흥왕은 이차돈과 함께 크게 불법을 펼 것을 굳게 맹세하였다.

마침내 이차돈은 천경림天鏡林에 절을 짓기 시작하였고, '이차돈이 왕명을 받들어 절을 짓는다'는 소문은 삽시간에 서라벌 곳곳으로 퍼져나갔다. 이 소식을 들을 신하들은 크게 흥분하여 왕에게 따지자, 법흥왕은 자신이 영을 내린 것이 아니라 하고, 이차돈을 불러들여 문초하였다.
"절을 지은 것은 부처님의 뜻에 따라 소인이 한 일입니다. 불법을 행하면 나라가 크게 편안해지고 백성에게도 이로울 것이니, 국령을 어긴다 한들 무슨 죄가 되겠습니까?"
주위의 신하들은 발끈하여 엄한 벌로 다스려야 한다고 하자, 이차돈은 분기에 차서 말하였다.

"왕이시여, 무릇 비상한 사람이 있은 다음에야 비상한 일이 있기 마련입니다[夫有非常人有 然後非常事有], 저를 참斬하십시오."
왕은 이차돈과 미리 상의한 대로 결단을 내려, '이차돈

무애자재를 성취한 도인들 211

을 참하라'고 하였고, 형장에 다다른 이차돈은 서원을 발하였다.

"불교가 나라에 복이 되고 백성을 이롭게 한다면 내 목에서 흰 젖이 나올 것이고, 나라와 백성에게 해가 될 것 같으면 피가 올라오리니, 이것으로 증명하리라."

 마침내 형리가 목을 베자 흰 젖이 솟아올랐는데, 하늘에서는 묘한 꽃비가 내리고 땅은 크게 진동하였으며, 목은 멀리 백률사로까지 날아가서 떨어졌다. 이때가 이차돈의 나이 22세(또는 26세)인 527년(법흥왕 14)이었다.

 이로부터 신라는 불교를 국교로 삼아 민족의 자랑인 신라 문화를 찬란하게 융성시켰고, 이 불교가 오늘날에까지 내려오게 된 것이다.

※

 사람은 다 살기를 좋아하지 죽기를 싫어하는데, 자기의 목숨을 불교를 위해 바쳤기 때문에 신라 불교가 오늘날까지 내려오는 것이니, 생사를 초월한 이차돈의 힘은 참으로 크고 장한 것이다.

원효대사 무애 동요

우리나라 역사상 최고의 고승으로 추앙받는 원효스님은 도를 어디서 깨쳤는가?

의상스님과 함께 중국으로 유학하러 가던 중인 요동 땅에서였다.

날이 저물어 잘 집을 찾다가, 두 스님은 옛 무덤을 집인 줄 알고 들어가서 깊은 잠에 빠져들었다. 그런데 목이 너무 말라서 잠에서 깨어난 원효스님은 주위를 더듬다가, 어떤 바가지에 담겨 있는 물을 한 방울도 남김없이 시원하게 들이켜고 다시 잠이 들었다.

그런데 이튿날 아침에 일어나보니 자기가 먹은 물이 사람 해골에 고인 물이었다. 어찌나 역하였던지 구토질을 하다가 활연히 깨달았다.

"아, 어젯밤에 모르고 먹을 때는 그토록 시원하였는데, 오늘 날이 밝아 사람의 해골에 담긴 물이라 분별을 하자 구토질이 나왔구나. 이 모두가 마음이 일어나면 갖가지 법이 일어나고, 마음이 멸하면 갖가지 법이 멸한다는 가르침이 아닌가!
 삼계는 오직 마음이요〔三界唯心〕, 만법은 나의 인식認識에 달린 것〔萬法唯識〕! 마음 밖에 법이 따로 없으니 어찌 마음 밖에서 구할 것인가?"

마침내 깊은 도를 깨달은 원효스님은 '이제 나는 도를 알았으니 당나라에까지 갈 필요가 없다.' 하고는 본국으로 돌아와 열심히 저술 활동을 하면서, 신라 방방곡곡을 다니며 무애자재하게 불교를 전파하였다.

원효스님은 주장자를 짚고 길을 가다가 선비를 만나면 선비에 맞게 설법을 해주고, 농부를 만나면 농부에 맞게, 어른을 만나면 어른에게 알맞은 법문을 해주었다.

거지에게는 거지에 맞게, 여자에게는 여자에게 필요한 법문을 해주었으니, 만나는 이마다 깊은 감동을 받고 불교에 귀의하였다.

또 천진난만한 어린이들에게는 어려운 말로 진리를 말해주어야 모를 터이니 동요를 들려주었다.

> 중아중아 니 찰 내라
> 뱀 잡아 회 치고
> 개고리 잡아 탕하고
> 찔레 꺾어 밥하고
> 니 한 그릇 내 한 그릇
> 평등하게 나눠 먹고
> 알랑달랑 놀아보세
> 알랑달랑 놀아보세

아이들이 그게 무슨 소리인지도 모르고, '좋아라' 따라 부르면서 즐겁게 웃고 논다.

그런데 이 동요가 진리의 말이다. 이는 정말 멋진 법문인데, 특별히 그 뜻을 밝힌다.

'중아 니 칼 내라'는 사람마다 지혜의 칼이 있는데, 수도하는 중의 칼은 특히나 잘 드는 보검이다.

'찔레 꺾어 밥하고'는 진리로 밥을 한다는 말이고, '개고리 잡아 탕 하고'는 개오리皆悟理, 곧 모두가 깨닫는 이치로 탕을 한다는 말이다.

'뱀 잡아 회 치고'의 뱀은 사사四蛇이다. 우리의 몸은 흙·물·불·바람 등 네 가지〔四大〕기운으로 구성되어 있는데, 이 네 가지가 마치 모진 뱀과 같다.

이 네 가지 중에 하나라도 부족하든지 많든지 하면 몸에 병이 나서 사람을 고생시키니, 이것을 잘 다스려서 항복 받는 것을 '회를 친다'고 한 것이다.

그래서 아이나 어른 할 것 없이 '니 한 그릇, 내 한 그릇 평등하게 나눠 먹고 알랑달랑 놀아 보세'라고 한 것인데, 이 달랑달랑 노는 것이 천진무구天眞無垢한 마하반야바라밀다심경摩訶般若婆羅蜜多心經이다.

아이들은 무슨 소린지도 모르고 그저 고개를 끄덕거리며 좋아라 한다.

이러한 무애도사 원효스님은 그 방대한 저술과 도덕과 깊고도 심원한 학문은 그 당시에 벌써 동양 삼국에 이름을 떨쳤다. 멀리 인도의 용수龍樹와 마명보살馬鳴菩薩에나 비교할 수 있다면 있을까? 정말 걸림 없이 살다 가신 우리나라 최고의 고승이시다.

모름지기 우리 모두 한 마음을 바로 깨쳐서 알랑달랑 놀 수 있는, 걸림 없고 멋진 생사자재의 인물이 되기를 축원해 마지않는다.
이 법계는 원래부터 참으로 자유롭고 멋진 곳이다. 부디 마하반야의 큰마음을 깨쳐서 생사자재하고, 이 법계의 즐거움을 마음껏 누리기 바란다.
나무마하반야바라밀.

경봉스님의 생활도담
사바를 무대 삼아 멋있게 살아라

김현준 엮음 신국판
224쪽 8,000원

이 책은 정말 재미있다. 그것도 많은 이야기와 함께 구수하게 설한 법문집이기에 더욱 생생하고 알기가 쉽다.

이 책 총 7장 속에는 살다 보면 부딪히는 인생의 근본 문제, 좌절과 극복, 성공과 행복에 대한 67가지 이야기들이 담겨있다.

- Ⅰ 윤회부터 믿어라
- Ⅱ 사바의 문제는 삼독三毒
- Ⅲ 사바의 꿈에서 깨어나라
- Ⅳ 정성과 원성취
- Ⅴ 인욕과 정진과 성공
- Ⅵ 복 지어야 복 받는다
- Ⅶ 지혜롭게 살아가라

이 시대 최고의 고승으로 추앙 받고 있는 경봉스님께서 들려주시는 사바세계의 실체, 탐진치 삼독, 정성 다하기와 정신 차리기, 인욕과 정진과 성공, 복 짓기와 복 받기, 윤회·원력, 지혜로운 삶에 대한 주옥같은 이야기와 법문을 읽다 보면, 마음이 탁 트이면서 복된 삶을 이루는 방법을 스스로 발굴할 수 있게 될 것이다.

경봉스님일화집

뭐가 그리 바쁘노

유명한 교수가 스님을 찾아와
절을 하며 말씀드렸다.
"바빠 사느라,
자주 찾아뵙지 못해 죄송합니다."
"뭐가 그리 바쁘노?"
'아! 내가 바빴던 것이 무엇인가?
써 달라는 글 쓰고 여기저기 강연을 하느
라, '바쁘고 힘들게 산다'고 생각해왔던 것
일 뿐…. 그 일들이 내가 꼭 해야 할 일이요
바쁜 일이었던가?'

김현준 엮음 4×6판
180쪽 6,000원

Ⅰ. 세속에서 찾아오는 이들에게	Ⅱ. 삶! 이렇게 살아라
Ⅲ. 좌절에 빠진 이들에게	Ⅳ. 일상 속의 스님 모습
Ⅴ. 제자·시자들과 함께	Ⅵ. 수좌야 알거라
Ⅶ. 극락암에서	Ⅷ. 앞일에 대한 예지·예언

총 8장 73가지 일화를 담은 이 책 속에는 우리의 정신을 번쩍 깨어나게 하고 새로운 기운을 불러일으키는 일화들을 비롯하여, 스님께서 제자·시자·신도·수행승들과 함께한 일상생활 속의 참모습들이 생생하게 묘사되어 있다.

경봉스님 탄생 130주년과 열반 40주년을 기념하기 위해 발간한 이 일화집을 옆에 두어 읽고 또 읽으면, 향기 가득한 가르침이 저절로 배어들어, 산 정신으로 한바탕의 멋진 연극을 잘 할 수 있게 되리라.

많이 찾는 기도 독송용 경전

한글『법화경』과『법화경 한글사경』

불교 최고 경전인 법화경! 이 경을 독송하고 사경해 보십시오.
소원성취는 물론 깨달음과 경제적인 풍요까지 안겨줍니다.

법화경 (독송용) 김현준 역   양장본 25,000원
                              무선제본 전3권 총 22,000원
법화경 한글사경 김현준 역 4×6배판 총 25,000원
                              전5책 각권 120쪽 내외 권당 5,000원

지장경 / 김현준 편역   4×6배판 208쪽 8,000원

이 책은 지장기도를 하는 분들을 위해 ① 지장경을 처음부터 끝까지 1번 독송, ② '나무지장보살'을 천번염송, ③ 지장보살예찬문을 외우며 158배, ④ '지장보살'천번 염송의 4부로 나누어 특별히 만들었습니다.
지장경 독경 및 지장보살예참과 염불을 할 때, 각 장 앞에 제시된 기도법에 따라 기도를 하면, 영가천도·업장소멸·소원성취·향상된 삶을 이룩할 수 있습니다.

금강경 / 우룡스님 역   4×6배판 112쪽 5,000원

책 크기만큼 글씨도 크게 하고 한자 원문도 수록하였으며, 독송에 관한 법문도 첨부하였습니다. 사찰 및 가정에서의 독송용으로 매우 좋습니다.

관음경 / 우룡스님 역   4×6배판 96쪽 4,000원

커다란 글씨의 관음경 해설과 함께 관음경의 원문과 독송법, 관음 염불 방법 등을 수록하여 관음경의 가르침을 쉽게 이해하도록 하였습니다.

약사경 / 김현준 편역   4×6배판 100쪽 4,000원

아주 큰 활자로 약사경 한글 번역본을 만들었습니다. 약사경 독경 방법 및 약사염불법도 함께 실어 기도에 도움이 되도록 하였습니다.

아미타경 / 김현준 편역   4×6배판 92쪽 4,000원

아주 큰 활자 번역본으로, 독경 및 '나무아미타불' 염불 방법을 함께 실었습니다. 사찰에서 대중이 함께 독송할 때 또는 집에서 독송할 때 매우 유용합니다.

무량수경 / 김현준 역   4×6배판 176쪽 7,000원

아미타불은 어떠한 분이며, 극락에는 어떠한 장엄과 멋과 행복이 갖추어져 있는가? 극락에 왕생하려면 이 현생에서 어떠한 삶을 살아야 하는가를 자상하게 묘사하고 있어, 독송을 하면 신심이 저절로 우러납니다.

천지팔양신주경 / 김현준 역   4×6배판 96쪽 5,000원

집마련·결혼·출산·사업·죽음 등 평생의 삶 중에서 중요한 때마다 이 경을 3~7번 독송하면 크게 길하고 이롭고 장수하고 복덕을 갖추게 된다고 하여, 옛부터 많은 이들이 읽으며 기도하고 있습니다.

영험 크고 성취 빠른 각종 사경집 (책 크기 4×6배판)

광명진언 사경 (가로쓰기:1080번 사경)　　　　　　　128쪽　5,000원
광명진언 사경 (세로쓰기:1080번 사경)　　　　　　　128쪽　5,000원
눈으로 보고 입으로 외우고 손으로 쓰고 마음으로 새기는 광명진언 사경은 크나큰 성취를 안겨줍니다.

금강경 한글사경 (1책으로 3번 사경)　　　　　　　　144쪽　6,000원
금강경 한문사경 (1책으로 3번 사경)　　　　　　　　144쪽　6,000원
금강경 한문한글사경 (1책으로 1번 사경)　　　　　　100쪽　4,000원
요긴하고 으뜸된 경전인 금강경을 사경해 보십시오. 업장소멸과 함께 크나큰 깨달음과 좋은 일들이 저절로 다가옵니다.

아미타경 한글사경 (1책으로 7번 사경)　　　　　　　116쪽　5,000원
살아 생전 또는 부모나 가까운 분이 돌아가셨을 때 이 경을 쓰면 극락왕생이 참으로 가까워집니다.

반야심경 한글사경 (1책으로 50번 사경)　　　　　　 116쪽　5,000원
반야심경 한문사경 (1책으로 50번 사경)　　　　　　 116쪽　5,000원
반야심경을 사경하면 호법신장이 '나'를 지켜주고, 공의 도리를 깨달아 평화롭고 안정된 삶이 함께 합니다.

신묘장구대다라니 사경 (50번 사경)　　　　　　　　116쪽　5,000원
대다라니를 사경하면 관세음보살님과 호법신장들이 '나'와 주위를 지켜주고 소원성취와 동시에, 행복하고 자비심 가득한 마음을 가질 수 있도록 해줍니다.

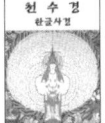
천수경 한글사경 (1책으로 7번 사경)　　　　　　　　112쪽　5,000원
천수경을 사경하고 독송하면 천수관음의 가피가 저절로 찾아들어, 업장 및 고난의 소멸과 갖가지 소원을 쉽게 성취할 수 있습니다.

관음경 한글사경 (1책으로 5번 사경)　　　　　　　　112쪽　5,000원
관음경을 사경하면 늘 행복이 함께하며, 학업성취·건강쾌유·자녀의 성공·경제문제 등에도 영험이 매우 큽니다.

지장경 한글사경 (1책으로 1번 사경)　　　　　　　　144쪽　6,000원
지장경을 사경하고 독송하면 영가천도는 물론이요, 각종 장애가 저절로 사라지고 심중의 소원이 성취됩니다.

아미타불 명호사경 (1책으로 5,400번 사경)　　　　　160쪽　6,000원
'나무아미타불'과 '아미타불'을 오회염불법에 따라 외우고 쓰는 특별한 명호사경집입니다. 집중력을 더하여, 심중 소원 성취에 큰 도움을 줍니다.

관세음보살 명호사경 (1책으로 5천4백번 사경)
지장보살 명호사경 (1책으로 5천번 사경)　　각 권 108쪽　5,000원
'관세음보살'이나 '지장보살'의 명호를 쓰면서 입으로 외우고 마음에 새기면, 관세음보살님과 지장보살님의 가피를 입어 몸과 마음이 큰 변화를 이루고, 마음속의 원을 능히 성취할 수 있습니다.

이뭣고(경봉스님의 수행도담)

초 판 1쇄 펴낸날 2025년 7월 2일
　　　 2쇄 펴낸날 2025년 9월 8일

엮은이 김현준
펴낸이 김연지
펴낸곳 효림출판사

등록일 1992년 1월 13일 (제2-1305호)
주　소 서울시 서초구 반포대로14길 30, 907호 (서초동, 센츄리I)
전　화 02-582-6612, 587-6612
팩　스 02-586-9078
이메일 hyorim@nate.com

값 8,500원

ⓒ효림출판사 2025
ISBN 979-11-94961-03-1 (03220)

잘못 만들어진 책은 바꾸어 드립니다.
이 책은 저작권법에 따라 보호를 받는 저작물이므로 무단전재와 무단복제를 금지합니다.